JE MANGE
DONC JE MAIGRIS !

OU
LES SECRETS DE LA NUTRITION

MICHEL MONTIGNAC

préface du Docteur Philippe ROUGER

JE MANGE DONC JE MAIGRIS !

OU

LES SECRETS DE LA NUTRITION

4e édition
entièrement revue et complétée
avec le concours du Docteur Hervé ROBERT

FRANCE LOISIRS
123, boulevard de Grenelle, Paris

FAITES-VOUS CONNAÎTRE
ET APPORTEZ-NOUS VOTRE TÉMOIGNAGE

La méthode **MONTIGNAC** est un nouveau concept diététique que son auteur propose en collaboration avec une équipe de médecins et de scientifiques français et étrangers. Elle fait en permanence l'objet de recherches et de perfectionnements pour que chacun puisse en tirer un meilleur profit pour son équilibre pondéral, sa vitalité et sa santé en général.

Faites-vous connaître pour que l'on puisse vous tenir périodiquement au courant des derniers développements de la méthode et vous faire part des informations relatives aux différentes activités qui s'y rapportent (séminaires, cassettes vidéo, produits diététiques, restaurants, centres de cures et de repos, thalassothérapie...).

N'hésitez pas, par ailleurs, à nous faire part de votre témoignage en ce qui concerne votre expérience personnelle de la mise en œuvre de la méthode.

Si vous avez la moindre difficulté en termes de compréhension ou encore de résultat, sachez que des diététiciens et des médecins nutritionnistes sont en permanence à votre disposition au sein d'une association pour vous aider.

N'hésitez donc pas à leur écrire en adressant toute correspondance à :

Direction médicale
INSTITUT VITALITÉ ET NUTRITION
46, avenue d'Iéna
75116 PARIS

Édition du Club France Loisirs, Paris
avec l'autorisation des Éditions Artulen

© Éditions Artulen Paris

I.S.B.N. 2-7242-6584-X

PRÉFACE

Pragmatique, il faut être pragmatique en matière de gestion de son équilibre pondéral, c'est-à-dire de son poids.

Trop souvent nos modes de vie sont responsables d'un embonpoint progressif mais certain, puis peu à peu l'obésité s'installe. Si une surcharge pondérale a longtemps été un gage de jovialité, elle est devenue le plus souvent ennemie de l'efficacité et responsable de nombreuses pathologies. Aussi dès que ce stade est atteint, chacun cherche à le rendre réversible et donc à maigrir. C'est alors qu'il faut choisir une approche, opter pour une « méthode » ou peut-être plus simplement, à l'instigation de Michel Montignac, prendre conscience que la gestion de notre alimentation est essentielle, et ce, à long terme.

Nombre de méthodes, bien que scientifiquement reconnues, s'avèrent efficaces à court et moyen terme, mais impliquent de telles privations qu'elles deviennent contraignantes et difficiles à respecter... peu à peu, c'est la reprise de l'ascension vers les sommets de l'échelle graduée de la balance. C'est l'expérience que j'ai vécue.

L'approche que propose Michel Montignac concilie diététique et gastronomie, tout en ayant l'avantage d'un effet durable sur le long terme, à condition d'adhérer à la philosophie de cette nouvelle gestion de notre

5

alimentation. Il faut donc modifier nos habitudes ali-mentaires, comprendre ce que l'on mange, adapter notre métabolisme pour maigrir dans un premier temps, puis rester stable au niveau pondéral choisi. Cette approche n'est autre qu'un compromis entre l'ac-ceptable et l'obligatoire. L'être humain ne peut se contraindre en permanence, il a besoin d'éclectisme, donc d'ure approche gastronomique du savoir manger.

D'expérience, cette approche m'a séduit, ce d'autant qu'elle a été et reste efficace.

Docteur Philippe ROUGER
Maître de conférences à l'Université PARIS VI
Directeur adjoint de l'Institut National
de Transfusion Sanguine

AVANT-PROPOS

C'est presque une banalité d'affirmer que notre civilisation est celle des contradictions.

L'homme fait tous les jours dans le domaine scientifique la preuve de son génie et nous sommes tous convaincus que ce génie — si vraiment génie il y a — est sans limite, tant il a pu nous démontrer sa puissance depuis quelques décennies.

Mais cette fulgurante évolution scientifique ne se fait pas d'une manière uniforme et il est bien des domaines où la mentalité de l'homme s'oppose à toute forme de progrès, pire encore, elle aurait parfois tendance à régresser.

La nutrition est malheureusement l'une de ces disciplines laissées pour compte où, de plus, règne une totale anarchie. Chacun se croit le droit de dire quelque chose et tous s'accordent, en tout cas, à dire n'importe quoi.

Mais il en sera ainsi tant que le problème restera posé et qu'aucune solution définitive n'aura été acceptée par tous.

La « vérité » en matière de nutrition est cependant connue, mais elle reste le privilège de quelques scientifiques et membres très spécialisés du corps médical. Mais cette vérité scientifique est par archaïsme et ultra-conservatisme occultée par la plupart des pseudo-professionnels de la diététique.

Cette vérité est dure à accepter, car elle repose sur quatre critères qui vont à l'encontre des croyances traditionnelles et mettent carrément en cause les idées reçues et les pratiques courantes qui en découlent. Ces quatre critères sont les suivants :

1° *La théorie des calories est fausse.* C'est une hypothèse sans fondement scientifique qui est illusoire dans la mesure où l'adoption de régimes hypocaloriques conduit toujours à des échecs.

2° *Ce sont les mauvaises habitudes alimentaires* et notamment le raffinage excessif de certains aliments et leur nature douteuse qui sont à l'origine du dérèglement du métabolisme de nos contemporains. C'est pourquoi il faut apprendre à faire les bons choix en ce qui concerne les glucides.

3° De la même manière *il importe d'apprendre à sélectionner les bonnes graisses des mauvaises graisses*, en privilégiant celles qui sont bénéfiques.

4° *Il faut enfin enrichir notre alimentation en fibres* contenues notamment dans les fruits, les légumes verts, les légumes secs et le pain complet.

« Les secrets de la nutrition » constituent en quelque sorte la vérité sur la question, l'essentiel de ce que l'on doit savoir sur un sujet dont l'importance est encore beaucoup plus grande qu'on ne l'imagine. Car ces secrets concernent non seulement ceux qui veulent maigrir ou stabiliser leur poids sans contrainte et privation, mais aussi et surtout, tous ceux qui veulent retrouver une vitalité physique et intellectuelle optimale.

OBÉSITÉ ET CIVILISATION

L'embonpoint, et *a fortiori* l'obésité, est un phénomène de société. C'est en quelque sorte le sous produit de la civilisation.

Si on observe ce qui se passe dans les sociétés primitives, on peut constater que c'est un problème qui, généralement, ne se pose pas.

De la même façon, l'obésité est inexistante dans le règne animal, tout au moins pour les espèces qui vivent en milieu naturel. Seuls les animaux domestiqués par l'homme en connaissent les affres.

C'est paradoxalement dans les sociétés les plus évoluées que la surcharge pondérale est la plus forte. Il semble en effet qu'elle soit le corrollaire du niveau de vie. On a pu d'ailleurs constater ce phénomène tout au cours de l'histoire.

Sauf exception, c'était toujours parmi les catégories sociales les plus riches que l'on trouvait les individus les plus gros.

L'embonpoint était d'ailleurs souvent considéré comme une vertu. C'était le symbole de la réussite sociale, mais aussi celui d'une bonne santé. Ne disait-on pas d'un gros qu'il se portait bien ?

Aujourd'hui les mentalités ont évolué car, en dehors du fait que les canons de la beauté ont changé, on a progressivement pris conscience des méfaits de la surcharge pondérale.

L'obésité est désormais considérée comme un danger, car on sait que c'est un facteur de risque important pour la santé.

Si l'on analyse la situation de l'obésité dans le monde, force est de constater que c'est aux Etats-

Unis, le pays le plus riche du monde, qu'elle est la plus catastrophique.

Or, si l'on observe la manière avec laquelle les américains se nourrissent, il est facile d'en déduire que ce sont leurs mauvaises habitudes alimentaires qui sont à l'origine de leur obésité. Cette situation ne fait d'ailleurs qu'empirer tous les ans.

Contrairement à ce que certains praticiens laissent entendre, l'obésité n'est pas une fatalité, et même si les origines sont pour la plupart d'entre elles héréditaires, il n'en demeure pas moins que toutes sont la conséquence de mauvaises habitudes alimentaires.

Vouloir aborder le sujet en occultant cet aspect essentiel de la question revient à ne se préoccuper que des symptômes (le poids) en négligeant la cause. L'échec de la diététique traditionnelle repose sur cette approche tronquée. Au lieu de chercher par des régimes de famine à se débarrasser des symptômes, on ferait mieux d'analyser pourquoi on grossit. Au lieu de suivre bêtement des listes de menus tout faits, en comptant les calories ou en pesant ses aliments, on ferait mieux d'essayer de comprendre comment fonctionne notre organisme et de quelle manière il va pouvoir assimiler les différentes catégories d'aliments.

Maigrir et se stabiliser passe, à mon sens, par une phase éducative obligatoire et avant de commencer à mettre en œuvre les principes de la méthode décrite dans ce livre, je vous proposerai de franchir trois étapes qui constituent en quelque sorte une véritable prise de conscience.

Prise de conscience d'abord des déplorables habitudes alimentaires acquises depuis quelques décennies, associées à un raffinage excessif de certains ali-

10

ments, qui sont à l'origine d'une déstabilisation progressive de notre métabolisme. Et c'est cette situation qui, par voie de conséquence, entraîne obésité et mauvaise santé.

Prise de conscience ensuite de la manière avec laquelle fonctionne notre corps. Il faut apprendre en effet le fonctionnement de notre métabolisme, mais aussi celui de notre système digestif.

Prise de conscience enfin de la nature des aliments, de leurs propriétés et de la famille à laquelle ils appartiennent.

C'est ainsi que l'on pourra construire concrètement une diététique intelligente, à partir de laquelle on pourra se prendre en charge individuellement et réaliser ainsi non seulement une gestion de son alimentation, mais aussi une gestion durable de son équilibre pondéral.

C'est ce que je vous invite à découvrir dans les chapitres suivants.

INTRODUCTION

Pendant toutes ces dernières années quand on me demandait comment j'avais pu maigrir ou comment je faisais pour garder la ligne, je répondais invariablement « en mangeant au restaurant et en faisant des repas d'affaires », ce qui faisait sourire sans pour autant convaincre.

A vous aussi, cela paraît sans doute paradoxal, et particulièrement si vous attribuez votre embonpoint à des obligations familiales, sociales, et peut-être professionnelles qui vous conduisent à honorer un peu trop souvent la gastronomie française. C'est en tout cas ce que vous pensez.

Vous avez certainement déjà essayé d'appliquer un nombre incalculable de principes qui circulent dans le domaine public et qui depuis longtemps figurent dans la rubrique des lieux communs. Mais vous avez toujours constaté qu'en plus d'être souvent contradictoires et de ne produire que des résultats nuls ou éphémères, ces principes étaient de toute façon pour la plupart impossibles à appliquer en menant une vie normale. Même chez soi ils présentent de telles contraintes qu'ils découragent très rapidement.

Vous êtes donc aujourd'hui comme il y a quelques années déjà, préoccupé par ce que pudiquement nous pourrions appeler votre *surcharge pondérale*.

13

Au début des années 80, alors que ma trentaine avait déjà parcouru plus de la moitié de son chemin, ma balance accusait quelque quatre-vingts kilos, soit six de plus que mon poids idéal.

Rien d'alarmant, somme toute, pour une silhouette d'un mètre quatre-vingt-un à quelques années de la quarantaine.

J'avais mené jusqu'alors une vie socio-professionnelle plutôt régulière et mon excédent pondéral semblait apparemment stabilisé. Les « excès alimentaires », si vraiment on pouvait parler d'excès, n'étaient que très occasionnels et avaient essentiellement un caractère familial. Quand on est originaire du Sud-Ouest, la gastronomie fait forcément partie de l'éducation. Elle devient même une donnée culturelle fondamentale.

J'avais déjà abandonné le sucre depuis longtemps, tout au moins celui que l'on met dans son café. Sous prétexte d'allergie je ne mangeais pas de pommes de terre et, à part le vin, je ne buvais pratiquement pas d'alcool.

Mes six kilos de trop avaient été pris sur une période de dix ans, ce qui représentait une courbe de progression relativement modeste. Lorsque je regardais autour de moi, je me trouvais dans la norme, plutôt même un peu au-dessous.

Et puis, du jour au lendemain, ma situation professionnelle dut s'exercer dans des conditions tout à fait différentes, lorsque l'on me confia une responsabilité internationale, au niveau du quartier général européen de la multinationale américaine dont j'étais le salarié.

Je voyageais désormais la plus grande partie de mon temps et mes visites dans les filiales dont j'avais le contrôle dans ma spécialité étaient invariablement ponctuées de réunions à caractère gastronomique.

De retour à Paris je devais, dans le cadre de mes fonctions de relations publiques internes, accompagner des visiteurs, pour la plupart étrangers, dans les meilleurs restaurants français de la capitale. Cela faisait partie de mes obligations professionnelles et je dois avouer que ce n'était pas la partie la plus désagréable de mon travail.

Mais trois mois après avoir pris mes nouvelles responsabilités, je n'accusais pas moins de sept kilos de plus. Il faut dire que, pendant cette période, j'avais fait un stage de trois semaines en Angleterre, ce qui n'avait rien arrangé.

Le signal d'alarme était tiré. Il devenait donc urgent de faire quelque chose.

Comme tout le monde, j'ai plus ou moins essayé au début de mettre en œuvre les lieux communs habituels, avec les résultats toujours très décevants que l'on connait.

Et puis, très rapidement, le hasard faisant bien les choses, j'ai rencontré un médecin généraliste, passionné par les problèmes nutritionnels, qui m'a donné quelques conseils, dont les principes semblaient remettre en cause les fondements de la diététique traditionnelle.

Très peu de temps après, j'avais déjà obtenu des résultats très prometteurs. Je décidais alors d'approfondir la question, ce qui m'était relativement facile, travaillant pour un groupe pharmaceutique et ayant ainsi plus facilement accès aux informations scientifiques qui m'intéressaient.

Quelques semaines plus tard, j'avais réussi à acquérir la plupart des publications françaises et américaïnes sur le sujet. Même si l'application de certaines règles apportait des résultats, je voulais en comprendre le fondement scientifique. Je voulais savoir quand et comment elles commençaient à devenir efficaces et quelle était la limite de leur application.

Je m'étais imposé au départ de ne pratiquement rien supprimer de mon alimentation à part le sucre, ce qui était fait depuis longtemps. Quand on a pour mission d'accompagner des visiteurs au restaurant, il n'est pas question de compter les calories et de se limiter à « une pomme et un œuf dur ». Il fallait trouver autre chose.

J'ai donc perdu treize kilos en faisant tous les jours des repas d'affaires et vous saurez et comprendrez plus loin comment.

Mais l'énoncé de principes est une chose, leur application en est une autre.

Après quelques mois, j'ai rédigé à l'attention de mon entourage, et à sa demande, l'essentiel de la méthode qui tenait sur trois pages dactylographiées.

J'essayais, autant que possible, de passer au moins une heure avec chaque personne intéressée pour lui expliquer les bases scientifiques de la méthode. Mais cela n'était pas toujours suffisant. Les erreurs grossières qui étaient faites involontairement, compromettaient trop souvent les résultats. Dans tous les cas, le pouvoir culturel des idées reçues, en contradiction d'ailleurs avec la méthode, était trop fort et rendait la compréhension ambiguë. La nécessité de rédiger un document plus complet s'est donc progressivement développée dans mon esprit.

Ce livre à la prétention d'être *un guide* et, en l'écrivant, j'ai poursuivi à votre attention les objectifs suivants :

— démystifier les idées reçues par une argumentation suffisamment convaincante afin qu'elles soient abandonnées ;
— donner les bases scientifiques fondamentales, indispensables à la compréhension des phénomènes nutritionnels ;
— énoncer des règles simples en fournissant l'essentiel de leur bien-fondé technique et scientifique ;
— révéler dans les moindres détails toutes les conditions d'application de la méthode ;
— donner dans la mesure du possible une véritable méthodologie. Faire en quelque sorte un *guide pratique.*

Au cours de ces dernières années, avec le conseil de professionnels, j'ai observé, cherché, testé, expérimenté et éprouvé. J'ai la conviction, aujourd'hui, d'avoir découvert et élaboré une méthode efficace et facile à mettre en œuvre.

Vous apprendrez dans ce livre que *l'on ne grossit pas parce que l'on mange trop, mais parce que l'on mange mal.*

Vous apprendrez à gérer votre alimentation comme on gère son budget.

Vous apprendrez à concilier vos obligations familiales, sociales et professionnelles avec votre plaisir personnel.

Vous apprendrez enfin *à manger mieux sans pour autant manger triste.*

Ce livre n'est pas l'exposé d'un « régime ». C'est celui d'une nouvelle méthode d'alimentation qui

17

consiste à *apprendre à maintenir son équilibre pondéral, tout en continuant à profiter des plaisirs de la table,* que ce soit chez soi, chez des amis ou au restaurant.

Mais, par voie de conséquence, vous apprendrez avec surprise qu'en adoptant ces nouveaux principes alimentaires, vous retrouverez comme par enchantement une vitalité physique et intellectuelle que vous aviez perdue depuis longtemps. Et je vous expliquerai pourquoi.

Vous apprendrez que certaines habitudes alimentaires sont très souvent à l'origine d'un manque de tonus et, par conséquent d'une sous performance sportive ou professionnelle.

Vous saurez qu'en adoptant quelques principes nutritionnels fondamentaux, faciles à mettre en œuvre, vous pourrez supprimer les coups de pompe dont vous êtes probablement victime et retrouver une vitalité optimale.

C'est pourquoi, même dans le cas où votre excédent pondéral serait modeste, voire nul, l'apprentissage de la méthode et des principes à adopter pour une bonne gestion de votre alimentation est important.

Il débouche de toute manière sur la découverte d'une nouvelle énergie, garante d'une meilleure efficacité dans tous les actes de la vie personnelle et professionnelle.

Vous constaterez d'autre part que les ennuis gastro-intestinaux, avec lesquels vous vous étiez résigné à vivre, disparaîtront complètement et définitivement car votre système digestif aura été complètemcnt rééquilibré.

Mais bien que je fasse, dans cet ouvrage, l'apologie de la bonne cuisine française en général, du vin et du chocolat en particulier, mon intention en l'écrivant n'était surtout pas de plagier l'un des excellents guides gastronomiques que vous connaissez tous. J'avoue cependant avoir été parfois tenté de le faire, car il m'a toujours été difficile de dissocier nourriture de plaisir, et cuisine de gastronomie.

J'ai eu la chance, depuis quelques années, de fréquenter les meilleurs restaurants du monde, et la poignée de main d'un grand cuisinier m'a toujours inspiré autant de respect que d'admiration.

La grande cuisine, qui d'ailleurs souvent est la plus simple, est devenue un art dont la consécration n'est plus à faire. Un art que je serais tenté, pour ma part, de placer avant tous les autres.

CHAPITRE I

LE MYTHE DES CALORIES

La théorie de l'amaigrissement fondée sur l'approche hypocalorique restera certainement la plus grande « bavure scientifique » du XXe siècle.

C'est un piège, une duperie, une « hypothèse » simpliste et dangereuse, sans fondement scientifique réel. Et pourtant elle gouverne nos comportements alimentaires depuis plus d'un demi-siècle.

Regardez autour de vous, observez votre entourage et vous constaterez que plus les gens sont enveloppés, gros, gras, voire obèses, plus ils comptent avec acharnement les calories qu'ils ingurgitent.

A quelques rares exceptions près, tout ce qu'on a appelé « *régime* » depuis le début du siècle est fondé essentiellement sur la théorie des calories.

A tort ! Car aucun résultat sérieux et durable n'a pu être atteint. Sans parler des effets secondaires pour le moins désastreux.

Je reviendrai à la fin de ce chapitre sur le « phénomène socio-culturel », à caractère scandaleux, qui s'est développé en matière de calories alimentaires. Car au stade où nous en sommes aujourd'hui, il n'est pas exagéré de parler de véritable « conditionnement collectif ».

ORIGINE DE LA THÉORIE DES CALORIES

C'est en 1930 que deux médecins américains, les Docteurs Newburg et Johnston de l'Université du Michigan, émirent l'idée dans l'une de leurs publications, que « l'obésité était le résultat d'une alimentation trop *"riche"* en termes de calories, plutôt que d'une déficience du métabolisme ».

L'étude qu'ils avaient entreprise sur l'équilibre de l'énergie portait en fait sur un nombre très limité d'observations, mais surtout avait été conduite sur une durée beaucoup trop courte pour présenter un fondement scientifique sérieux.

Malgré cela, elle fut accueillie, dès sa publication, comme une vérité scientifique irréfutable et elle a été considérée depuis comme « parole d'évangile ».

Pourtant, quelques années plus tard, les deux chercheurs, troublés sans doute par le tapage fait autour de leur découverte, émirent timidement de sérieuses réserves sur les conclusions auxquelles ils étaient parvenus. Mais cela passa complètement inaperçu. Leur théorie était déjà inscrite au programme des études de médecine de la plupart des pays occidentaux et, aujourd'hui encore, elle y figure en bonne place.

LA THÉORIE DES CALORIES

La calorie est la quantité d'énergie nécessaire pour élever la température d'un gramme d'eau de 14 à 15 degrés centigrades.

Le corps humain a besoin d'énergie. D'abord pour se maintenir à la température de 37°. C'est en quelque sorte le besoin primaire. Mais dès l'instant où le corps

22

entre en action, ne serait-ce que pour se maintenir en position verticale, se mouvoir, exprimer des sons, etc., un besoin d'énergie supplémentaire apparaît. Et puis, pour manger, digérer, accomplir les actes essentiels de la vie, il faut encore un complément d'énergie. Mais le besoin quotidien d'énergie varie selon les individus, l'âge et le sexe.

La théorie des calories est la suivante :

Si les besoins énergétiques d'un individu sont de 2 500 calories par jour et qu'il n'en absorbe que 2 000 il y aura création d'un déficit de 500 calories. Pour combler ce déficit, l'organisme humain ira prélever une quantité d'énergie équivalente dans les graisses de réserve, ce qui par conséquent entraînera une perte de poids.

A contrario, si un individu absorbe quotidiennement 3 500 calories alors que ses besoins sont de 2 500, il va créer un excédent de 1 000 calories qui sera automatiquement stocké sous forme de graisses de réserve.

La théorie part donc du postulat selon lequel dans un sens comme dans l'autre, il n'y a pas de déperdition d'énergie. C'est mathématique ! Et la formule résulte d'une équation qui s'inspire directement de la théorie de Lavoisier sur les lois de la thermodynamique.

A ce stade, on peut déjà se demander comment les prisonniers des camps de concentration ont pu survivre pendant près de cinq ans, avec seulement 700 à 800 calories par jour. Si la théorie des calories avait été fondée, ils auraient dû mourir dès l'épuisement de leurs réserves de graisse, c'est-à-dire au bout de quelques mois.

De la même façon, on peut se demander pourquoi les gros mangeurs qui ingurgitent 4 000 à 5 000 calories par jour ne sont pas plus gras (certains restent même toujours maigres). Si la théorie des calories était fondée, ces gros mangeurs devraient peser 400 à 500 kilos au bout de quelques années.

Comment expliquer d'autre part, qu'en mangeant moins et donc en réduisant leur quantité journalière de calories absorbées, certaines personnes continuent à grossir ? Voilà en tout cas comment des milliers d'individus grossissent tout en mourant de faim.

L'EXPLICATION

La première question est de savoir pourquoi en réduisant l'apport de calories, il n'y a pas perte de poids ?

En fait, la perte de poids a lieu mais elle constitue un phénomène éphémère. Et ceci est, en réalité, la raison pour laquelle les Docteurs Newbourg et Johnston se sont mépris car leurs observations portaient sur une période beaucoup trop courte.

Le phénomène est le suivant :

imaginons que les besoins journaliers de l'individu soient de 2 500 calories et que, pendant une période prolongée l'apport calorique ait été fait en fonction de ce besoin. Si subitement la ration de calories tombe à 2 000, il y aura, en effet, utilisation d'une quantité équivalente de graisses de réserve pour compenser et l'on pourra constater une perte de poids.

En revanche, si l'apport calorique s'établit désormais au niveau de 2 000 calories contre 2 500 antérieurement, l'organisme, animé par son instinct de survie, va très rapidement ajuster ses besoins énergétiques au niveau de l'apport. Puisque l'on ne lui donne que 2 000 calories, il n'en consommera que 2 000. La perte de poids sera donc rapidement interrompue. Mais l'organisme n'en restera pas là. Son instinct de survie va le pousser à une plus grande prudence. Et cette prudence sera telle qu'il va faire des réserves. Si on ne lui donne désormais que 2 000 calories, eh bien ! il va diminuer encore ses besoins énergétiques à par exemple 1 700 et stocker ainsi la différence de 300 calories en graisses de réserve.

On aboutit ainsi au résultat inverse de celui escompté puisque paradoxalement, alors que notre sujet mange moins, il va progressivement se remettre à grossir.

En fait, l'être humain, animé en permanence par son instinct de survie, ne se comporte pas différemment du chien qui enterre ses os alors qu'il meurt de faim. C'est, en effet, paradoxalement lorsque le chien est nourri très irrégulièrement qu'il fait appel à son instinct ancestral et enterre sa nourriture, se constituant ainsi des réserves alors qu'il est affamé.

Combien d'entre vous ont-ils été les victimes abusées de cette théorie sans fondement de l'équilibre des calories.

Vous avez certainement rencontré dans votre entourage des obèses qui mouraient de faim. Ceci est particulièrement vrai parmi les sujets féminins. Les cabinets de psychiatre sont d'ailleurs encombrés de femmes dont la dépression nerveuse résulte trop souvent de l'application de la théorie des calories. Dès qu'elles entrent dans ce cycle infernal, elles en deviennent très rapidement esclaves, car elles savent que tout arrêt conduit à une reprise de poids supérieur à celui qu'elles avaient au départ.

La plupart des membres du corps médical se voilent complètement la face. Ils se rendent bien compte que leurs patientes ne maigrissent pas, mais ils les soupçonnent plutôt de ne pas jouer le jeu et de manger en cachette. Certains professionnels de la diététique ont même organisé des séances de thérapie de groupe [1], où chaque obèse vient publiquement devant ses camarades confesser ses pertes de poids accueillies par des applaudissements ou ses gains de poids sanctionnés par des sifflets. La cruauté mentale de semblables pratiques n'est pas sans raviver des relents moyenâgeux.

L'homme au caducée (hormis certains spécialistes) remettra d'autant moins en question ses connaissances de base que ces dernières, en ce domaine, sont plutôt symboliques. En matière de nutrition, à part quelques lieux communs, sa culture scientifique est plutôt mince.

D'ailleurs, la nutrition n'est pas un domaine qui intéresse particulièrement les médecins. J'ai remarqué que, parmi la vingtaine de médecins avec lesquels j'ai travaillé avant d'écrire ce livre, tous, sans exception, ont été amenés à s'intéresser à la nutrition, à faire de la recherche et à entreprendre des expérimentations, parce qu'ils avaient eux-mêmes, à l'origine, un sérieux problème de poids qu'ils désiraient résoudre.

---

1. Cela est notamment assez répandu aux Etats-Unis.

26

Ce qui est navrant, voire scandaleux, c'est que l'on ait laissé se développer, dans le grand public, l'idée selon laquelle la théorie des calories avait un fondement scientifique réel. Cette théorie a malheureusement acquis ses lettres de noblesse et constitue désormais l'une des données culturelles essentielles de notre civilisation occidentale.

La théorie des calories est à ce point ancrée dans les mentalités qu'il n'est pas un restaurant de collectivité, une cafétéria de quartier ou une cantine militaire qui n'affiche le nombre de calories de chaque plat pour permettre à chacun de se retrouver en pays de connaissance. Il ne se passe pas une semaine sans qu'un des nombreux journaux féminins ne fasse la « une » sur les problèmes d'amaigrissement, en nous révélant les derniers menus mis au point par une équipe de diététiciens professionnels qui, à la lumière de la théorie des calories, vous propose à quelque chose près, « une mandarine au petit déjeuner, une demi-biscotte à onze heures, un pois chiche à midi et une olive le soir... ».

On peut se demander, pourtant, comment l'approche hypocalorique a pu pendant aussi longtemps faire illusion. Il existe deux réponses à cette question. La première, c'est qu'un régime hypocalorique donne toujours des résultats. La privation de nourriture, sur laquelle il est fondé, conduit forcément à un certain amaigrissement. Mais ce résultat comme nous l'avons vu est toujours éphémère. Le retour à la situation initiale est non seulement systématique, mais dans la plupart des cas la reprise est supérieure. La deuxième raison, c'est que la « basse calorie » est devenue de nos jours un formidable enjeu économique.

Son exploitation est devenue aujourd'hui un tel marché que l'on doit faire face à un véritable lobby, dont l'industrie alimentaire et quelques cuisiniers égarés sont désormais, avec la complicité de diététiciens diplômés, les principaux bénéficiaires.

La théorie des calories est fausse et vous savez maintenant pourquoi, mais vous n'en êtes pas pour autant débarrassé. Car elle est à ce point ancrée dans votre esprit que vous vous surprendrez pendant longtemps encore à vous comporter selon ses principes.

Quand nous aborderons la méthode d'alimentation que je vous recommande dans ce livre, vous risquez fort d'être troublé, dans la mesure où ce que je vous propose peut apparaître en totale contradiction avec cette fameuse théorie.

Si c'est le cas, relisez ce chapitre jusqu'à ce que les choses deviennent parfaitement claires pour vous.

LE CALVAIRE DU SOUS-ALIMENTÉ
OU LE MARTYRE DE L'OBÈSE

(d'après le Dr J.-P. Ruasse).

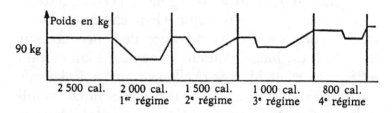

Cette courbe montre bien que des régimes hypocaloriques successifs aboutissent à créer une résistance à l'amaigrissement.

28

On voit donc que plus on diminue la ration calorique, plus le rendement du régime est faible et plus l'organisme a tendance non seulement à retrouver son poids d'origine, mais aussi à constituer des réserves supplémentaires.

CHAPITRE II

CLASSIFICATION DES ALIMENTS

Ce chapitre est, je pense, le seul qui soit un peu compliqué à lire et difficile à assimiler, en raison de son caractère technique, ce dont vous voudrez bien m'excuser. Le reste du livre pourra, si vous le désirez, se lire comme un roman.

Tout au long de mon exposé, je serai amené à mentionner des catégories d'aliments. Il convient que vous sachiez de quoi l'on parle, sinon la compréhension générale de la méthode risque de vous échapper.

J'ai essayé de réduire ce chapitre à sa plus simple expression. J'entends par là qu'il ne contient que l'essentiel de ce que vous devez savoir.

Si malgré tout, vous vous mettiez à bâiller et commenciez à vous endormir au bout de la dixième ligne, passez tout de suite au résumé du chapitre. Mais avant d'aborder la méthode proprement dite, il faudra *impérativement* y revenir sinon son assimilation pourrait être compromise.

Les aliments sont des substances comestibles qui renferment un certain nombre d'éléments organiques tels que protéines, lipides, glucides, sels minéraux et vitamines. Ils contiennent, d'autre part, de l'eau et des matières non digestibles, telles que les fibres.

LES PROTÉINES (ou PROTIDES)

Ce sont les cellules organiques des matières vivantes, des muscles, des organes, du foie, du cerveau, de la trame des os, etc. Elles sont formées de corps plus simples que l'on appelle acides aminés. Certains d'entre eux sont fabriqués par l'organisme. La plupart des autres acides aminés proviennent, en revanche, d'un apport extérieur qui se réalise par le biais de l'alimentation, dans laquelle les protéines peuvent avoir une double origine :

— *origine animale :* on les trouve en quantité importante dans les viandes, les poissons, les fromages, les œufs, le lait ;

— *origine végétale :* le soja, les amandes, les noisettes, les céréales complètes et certaines légumineuses.

L'idéal est de consommer autant de protéines d'origine végétale que de protéines d'origine animale.

Les protéines sont indispensables à l'organisme :

— pour la construction des structures cellulaires,

— comme source éventuelle d'énergie, après transformation en glucose (cycle de KREBS),

— pour fabriquer certains hormones et neuromédiateurs [1],

— pour constituer les acides nucléiques (nécessaires pour la reproduction).

---

1. Neuromédiateur : substance chimique libérée par les cellules nerveuses, sous l'influence d'une excitation et produisant un effet biologique adapté.

Un régime alimentaire déficitaire en protéines peut avoir de graves conséquences sur l'organisme : fonte des muscles, flétrissement de la peau, etc.

La ration journalière de protéines doit être environ de 60 g pour l'enfant et 90 g pour l'adolescent. Chez l'adulte, elle doit représenter 1 g par kg de poids et par jour, avec un minimum de 55 g par jour chez la femme et de 70 g par jour chez l'homme.

Par ailleurs, la consommation de protéines pour un adulte doit représenter au moins 15 % de l'apport énergétique journalier. Si la consommation de protéines est vraiment trop importante et que l'activité physique est insuffisante, la présence de résidus protéiques persiste dans l'organisme et se transforme en acide urique qui est notamment à l'origine de la « goutte ».

Hormis l'œuf, les différentes protéines animales ou végétales n'apportent pas l'équilibre nécessaire en acides aminés.

L'absence d'un acide aminé peut constituer un « facteur limitant » qui peut gêner l'assimilation des autres acides aminés. L'alimentation doit donc associer des protéines d'origine animale et d'origine végétale.

Une alimentation fondée uniquement sur des protéines végétales (végétalisme) serait déséquilibrée, elle manquerait notamment de cystéine, provoquant ainsi des troubles des phanères (ongles, cheveux).

En revanche, un régime végétarien incluant œufs et laitages peut être équilibré.

LES GLUCIDES (ou HYDRATES DE CARBONE)

Les glucides sont des molécules composées de carbone, d'oxygène et d'hydrogène.

La glycémie

Le glucose est le « carburant » principal de l'organisme. Il est stocké en réserve, sous forme de glycogène, dans les muscles et le foie.

La glycémie représente le taux de glucose dans le sang. A jeun, elle est habituellement d'un gramme de glucose par litre de sang.

Après absorption, à jeun, d'un glucide (pain, miel, féculents, céréales, sucreries...) on peut étudier la variation du taux de glucose sanguin :

— dans un premier temps, la glycémie augmente (plus ou moins selon la nature du glucide),

— dans un deuxième temps (après sécrétion d'insuline par le pancréas), la glycémie baisse et le glucose pénètre ainsi dans les cellules,

— dans un troisième temps, la glycémie revient à la normale *(voir schéma page suivante)*.

On a pendant longtemps classé les glucides en deux catégories bien distinctes, en fonction de leur capacité d'assimilation par l'organisme : les sucres rapides d'une part et les sucres lents de l'autre.

Sous la rubrique « sucres rapides » figuraient les sucres simples et les sucres doubles tels que le glucose et le saccharose que l'on trouve dans le sucre raffiné (de canne ou de betterave), le miel et les fruits.

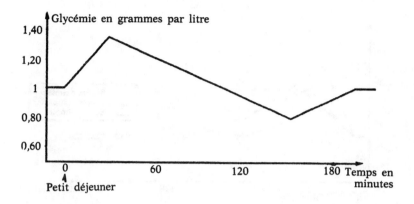

L'appellation « sucres rapides » était fondée sur la croyance selon laquelle eu égard à la simplicité de la molécule d'hydrate de carbone, leur assimilitation par l'organisme se faisait rapidement, peu après l'ingestion.

Inversement, on mettait dans la catégorie des « sucres lents » tous les glucides dont la molécule complexe devait faire l'objet d'une transformation chimique en sucres simples (glucose) au cours de la digestion, ce qui est le cas notamment de l'amidon des féculents dont la libération de glucose dans l'organisme se faisait, pensait-on, d'une manière lente et progressive.

Cette classification est aujourd'hui complètement dépassée, car elle correspond à une croyance erronée.

Les récentes expérimentations nous prouvent, en effet, que la complexité de la molécule d'hydrate de carbone ne conditionne pas la rapidité avec laquelle le glucose est libéré et assimilé par l'organisme.

On constate désormais que le pic glycémique de tous les glucides (c'est-à-dire leur absorption maximale), pris isolément à jeun, survient dans le même

35

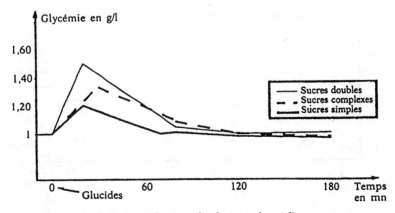

Sucres simples (glucose et fructose des fruits et du miel)
Sucres complexes (céréales, farines, pommes de terre, légumes secs)
Sucres doubles (sucre blanc, maltose de la bière, lactose du lait)

laps de temps (environ une demi-heure après leur ingestion). Aussi, plutôt que de parler de vitesse d'assimilation, il convient d'étudier les glucides en fonction de l'augmentation de la glycémie qu'ils induisent, c'est-à-dire de la quantité de glucose produite.

Il est donc admis par tous les scientifiques (cf. bibliographie) que la classification des glucides doit se faire désormais en fonction de leur pouvoir hyperglycémiant, défini par le concept d'index glycémique.

L'index glycémique

Le pouvoir glycémiant de chaque glucide est défini par l'index glycémique mis au point dès 1976. Il correspond à la surface du triangle de la courbe d'hyperglycémie induite par le glucide ingéré.

On donne arbitrairement au glucose l'indice 100 qui représente la surface du triangle de la courbe

36

d'hyperglycémie correspondante. L'index glycémique des autres glucides est ainsi calculé selon la formule suivante :

$$\frac{\text{surface du triangle du glucide testé}}{\text{surface du triangle du glucose}} \times 100$$

L'index glycémique est d'autant plus élevé que l'hyperglycémie induite par le glucide testé est forte.

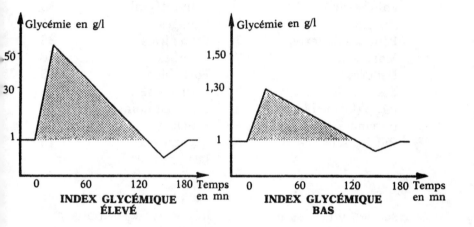

Notons que le traitement industriel des glucides augmente leur index glycémique (corn flakes 85, maïs 70, pommes de terre instantanées 95, pommes de terre bouillies 70).

On sait par ailleurs que c'est la quantité, mais aussi la qualité des fibres du glucide qui lui donne un index faible ou élevé (pain très blanc : hamburgers 95 ; pain blanc : baguette 70, pain complet 50, pain intégral 35, riz blanc 70, riz complet 50).

INDEX GLYCÉMIQUES ÉLEVÉS		INDEX GLYCÉMIQUES BAS	
Maltose	110	Flocons d'avoine	50
Glucose	**100**	Céréales au son	50
Pain très blanc	95	Riz complet	50
P. de terre instantanées	95	Pain au blé complet	50
Miel, confitures	90	Pâtes complètes	45
Corn Flakes	85	Pain au seigle complet	40
Carotte	85	Petits pois frais	40
Saccharose (sucre blanc)	75	Haricots blancs	40
Pain blanc	70	Pain intégral	35
Riz blanc	70	Laitages	35
Pommes de terre	70	Fruits frais	35
Maïs	70	Lentilles	30
Betterave	70	Pois chiches	30
Biscuiterie	70	Haricots secs	25
Pâtes (farine blanche)	65	Chocolat noir	22
Banane	60	Fructose	20
Raisins secs	60	Cacahuètes	15
		Légumes verts	<15

Dans le souci de simplifier je propose donc de classer les glucides en deux catégories : « les bons glucides » (à index glycémique bas) et « les mauvais glucides » (à index glycémique élevé), car c'est cette distinction qui vous permettra dans les chapitres suivants de découvrir, entre autres, les raisons de votre embonpoint.

Les mauvais glucides

Ce sont tous les glucides dont l'assimilation provoque une forte augmentation de glucose dans le sang (glycémie).

C'est le cas du sucre de table sous toutes ses formes (pur ou combiné à d'autres aliments comme les pâtisseries), mais c'est aussi le cas de tous les glucides, raffinés industriellement, comme les farines blanches et le riz blanc, ou encore l'alcool (notamment l'alcool de distillation), ainsi que de la pomme de terre et du maïs.

Les bons glucides

Contrairement aux précédents, ce sont les glucides dont l'assimilation par l'organisme est faible et provoque donc une augmentation réduite du glucose dans le sang.

C'est le cas des céréales brutes (farines non raffinées), du riz complet et de certains féculents, comme les lentilles et les fèves, mais c'est surtout le cas de la plupart des fruits et de tous les légumes que l'on classe aussi dans la catégorie des fibres alimentaires (poireaux, navets, salades, haricots verts...) et qui contiennent tous une faible quantité de glucides.

LES LIPIDES (ou GRAISSES)

Ce sont des molécules complexes, plus couramment appelées les corps gras.

On distingue, selon leur origine, deux grandes catégories de lipides :

— *les lipides d'origine animale.*

Ce sont les graisses contenues dans la viande, les poissons, le beurre, le fromage, la crème fraîche, etc.

— *les lipides d'origine végétale.*
Ce sont les huiles d'arachide, margarine, etc.

On peut aussi classer les lipides en deux catégories d'acides gras :

— *les acides gras saturés* que l'on trouve dans la viande, la charcuterie les œufs et les laitages (lait, beurre, crème, fromage) ;

— *les acides gras mono-insaturés ou polyinsaturés*, ce sont les graisses qui restent liquides à la température ambiante (huile de tournesol, de colza, et d'olive), bien que certaines puissent être durcies par hydrogénation (fabrication des margarines). Il faut, d'autre part, inclure dans cette catégorie, toutes les graisses de poisson.

Les lipides sont nécessaires à l'alimentation. De plus, ils contiennent de nombreuses vitamines (A, D, E, K) et des acides gras essentiels (acide linoléique et acide linolénique) et servent à l'élaboration de diverses hormones. Seules les huiles de première pression à froid garantissent la teneur en acides gras essentiels.

L'assimilation des graisses est perturbée lorsque celles-ci sont mélangées avec de mauvais glucides, ce qui entraîne, par voie de conséquence, un stockage important de l'énergie sous forme de graisses de réserve.

D'une manière générale, nous mangeons trop de graisses. Les fritures, les beignets, les sauces inutiles et la cuisson avec du gras ont envahi notre alimentation, alors qu'on peut très bien faire une cuisine plus légère et tout aussi délicieuse, sans en abuser.

Certains lipides sont responsables du cholestérol, mais il existe en réalité deux types de cholestérol, le « bon » et le « mauvais », l'objectif étant de maintenir le cholestérol total au plus faible taux possible, en tâchant de réunir toutes les conditions pour que la proportion de bon cholestérol soit la plus importante [2].

Ce qu'il faut savoir c'est que tous les lipides ne favorisent pas l'augmentation du « mauvais » cholestérol. Au contraire, il en est même certains qui ont tendance à le faire sensiblement diminuer.

En fait, pour être totalement objectif, il faut classer les graisses en deux catégories :

1) *les graisses qui augmentent le cholestérol*

Ce sont les graisses saturées que l'on trouve dans la viande, la charcuterie, le beurre, le fromage, le saindoux, les laitages ;

2) *les graisses qui n'ont que peu d'action sur le cholestérol*

Ce sont celles des crustacés, des œufs, et des volailles (sans peau) ;

3) *les graisses qui font baisser le cholestérol.*

Ce sont les huiles végétales : olive, colza, tournesol, maïs, etc. Quant aux poissons, leurs graisses n'interviennent pas réellement dans le métabolisme du cholestérol, mais constituent une prévention des maladies cardio-vasculaires en faisant baisser les triglycérides et en évitant les thromboses. Il faut donc manger des poissons gras (saumon, thon, maquereau, hareng, sardine).

---

2. Voir chapitre VIII sur l'hypercholestérolémie.

La méthode d'amaigrissement que je vous propose repose, en partie, sur le choix entre les « bons » et les « mauvais » glucides. De la même manière, il vous faut faire le choix entre les « bons » et les « mauvais » lipides, si vous avez tendance à avoir du cholestérol, ou si vous entendez vous prémunir à jamais contre un 'tel risque pour prévenir les maladies cardio-vasculaires [3].

LES FIBRES ALIMENTAIRES

Ce sont des substances contenues particulièrement dans les légumes, les légumineuses, les fruits et les céréales à l'état brut.

Bien qu'elles n'aient *a priori* aucune valeur énergétique, les fibres alimentaires jouent un rôle extrêmement important dans la digestion , du fait, notamment, de la cellulose, de la lignine, de la pectine et des gommes qu'elles contiennent. Elles permettent d'assurer un bon transit intestinal et leur absence est à l'origine de la plupart des constipations. Les fibres étant, d'autre part, très riches en vitamines, en oligo-éléments [4] et en sels minéraux, leur insuffisance peut entraîner de graves carences.

---

3. Un chapitre entier est consacré à l'hypercholestérolomie, ainsi qu'à ses conséquences sur le plan des risques cardio-vasculaires, voir page 181.

Je vous encourage à en prendre connaissance avec intérêt, de manière à être certain que les choix alimentaires que vous ferez dans le cadre de la méthode, seront faits en conséquence.

4. Oligo-éléments : métaux ou métalloïdes présents à dose infinitésimale dans le corps humain et qui sont nécessaires comme catalyseurs pour certaines réactions chimiques de l'organisme.

Elles entravent l'absorption digestive des lipides, diminuant ainsi le risque d'athérosclérose.

Les fibres ont, d'autre part, l'avantage de limiter les effets toxiques de certaines substances chimiques, telles que les additifs et les colorants. Selon l'avis de médecins gastro-entérologues, certaines fibres auraient le pouvoir de protéger le colon contre de nombreux risques et notamment les cancers digestifs.

Depuis ces dernières décennies, l'augmentation du niveau de vie des pays industrialisés s'est traduit par une diminution de la consommation de fibres.

Les Français consomment actuellement moins de 20 g de fibres par jour alors que l'apport journalier souhaitable est de 40 g.

En 1925, la consommation des légumes secs (particulièrement riches en fibres) était de 7,3 kg par habitant par an. Elle n'est plus aujourd'hui que de 1,3 kg.

La base de la nourriture des italiens a toujours été les pâtes. Mais il y a encore 30 ans, l'essentiel de leur nourriture était constitué de légumes (riches en fibres) et de pâtes complètes, c'est-à-dire ayant été faites avec des farines brutes contenant les fibres du blé.

Aujourd'hui, avec l'augmentation du niveau de vie, la viande a le plus souvent remplacé les légumes et les pâtes sont fabriquées avec des farines blanches, raffinées, c'est-à-dire dont on a enlevé les fibres. C'est ainsi que les autorités médicales de ce pays expliquent, désormais, non seulement la plus grande fréquence de l'obésité, mais aussi et surtout la prolifération alarmante des cancers digestifs [5].

---

5. Voir les publications du Pr Giacosa, chef du service Nutrition du Centre National de Recherche sur le Cancer de Gênes.

Produits céréaliers		*Légumes secs*		*Fruits secs oléagineux*	
Son	40 g	Haricots secs	25 g	Noix de coco sèche	24 g
Pain intégral	13 g	Pois cassés	23 g	Figues sèches	18 g
Farine complète	9 g	Lentilles	12 g	Amandes	14 g
Riz complet	5 g	Pois chiches	2 g	Raisins secs	7 g
Riz blanc	1 g			Dattes	9 g
Pain blanc	1 g			Cacahuètes	8 g

Légumes verts				*Fruits frais*	
Petits pois cuits	12 g	Chou	4 g	Framboise	8 g
Persil	9 g	Radis	3 g	Poire avec peau	3 g
Epinards cuits	7 g	Champignons	2,5 g	Pomme avec peau	3 g
Mâche	5 g	Carottes	2 g	Fraise	2 g
Artichaut	4 g	Laitue	2 g	Pêche	2 g
Poireaux	4 g				

Il a été par ailleurs démontré que les fibres ont une action bénéfique sur l'obésité. Leur introduction dans l'alimentation a pour effet de faire baisser la glycémie ainsi que l'insulinémie, c'est-à-dire la sécrétion d'insuline, qui sont, comme nous le verrons dans le chapitre suivant, responsables de la constitution des graisses de réserve.

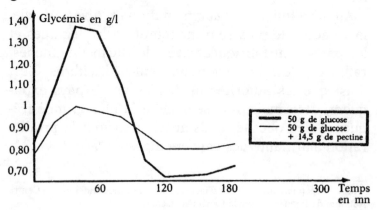

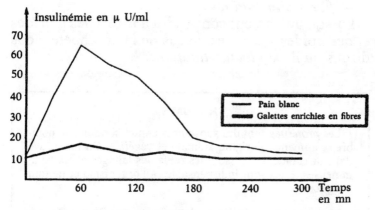

Parmi les quatre grandes familles d'aliments, les protéines sont absolument nécessaires à notre organisme, car elles contiennent des acides aminés d'autant plus indispensables que notre corps ne sait pas les fabriquer. Il en est de même pour certains lipides qui contiennent des vitamines et deux acides gras essentiels (acide linoléique et acide linolénique) que nos cellules sont incapables de synthétiser. Seuls les glucides pourraient être considérés comme les moins nécessaires, car l'organisme sait fabriquer du glucose à partir des graisses de réserve.

Mais il faut savoir que les lipides et les protéines se trouvent souvent combinés dans les mêmes aliments, comme c'est le cas pour la viande.

D'autre part, seuls les glucides et les lipides ont un pouvoir énergétique important.

C'est pourquoi, pour la clarté de notre exposé, nous occulterons en grande partie les protéines. Ainsi, à chaque fois que nous parlerons d'un aliment, nous le définirons par son appartenance à trois catégories seulement :

— *glucides ou hydrates de carbone (en précisant « bon » ou « mauvais »)*
— *lipides*

45

— *fibres alimentaires.*
Lorsqu'un aliment contiendra à la fois des glucides et des lipides, ce qui est le cas de la cacahuète, nous dirons qu'il est *glucido-lipidique.*

RÉSUMÉ

Les *protéines* sont des substances contenues dans de nombreux aliments d'origine animale et végétale. On les trouve dans la viande, le poisson, les œufs, les laitages et les légumineuses. Elles sont indispensables à l'organisme et ne font pas grossir.

Les *glucides ou hydrates de carbone* sont des substances qui se métabolisent en glucose. On les trouve dans des aliments qui, à l'origine, contiennent soit du sucre (fruits, miel), soit de l'amidon (farine, céréales, féculents). L'absorption des glucides se fait à jeun dans le même laps de temps après leur ingestion. Leur classification se fait en fonction de leur pouvoir glycémiant, mesuré par l'index glycémique. On peut ainsi faire la distinction entre les « bons glucides » à index faible et les « mauvais glucides » à index glycémique élevé.

Les *lipides* sont des substances dont l'origine peut être aussi bien animale que végétale. Ce sont des graisses (viandes, charcuterie, poissons, beurre, huile, fromages...) Certaines d'entre elles peuvent augmenter le cholestérol (viandes, laitages) et d'autres, au contraire, contribuer à le faire baisser (huile d'olive, etc.).

Les *fibres alimentaires* : rentrent dans cette catégorie tous les légumes verts (salades, endives, poireaux, épinards, haricots verts...), mais certains légumes secs, les fruits et les céréales à l'état brut en contiennent aussi en quantité importante. Leur consommation doit être fréquente car leur insuffisance peut entraîner de graves carences.

CLASSIFICATION LIPIDES, GLUCIDES, GLUCIDO-LIPIDES ET FIBRES ALIMENTAIRES

LIPIDES*	GLUCIDES	ALIMENTS GLUCIDO-LIPIDIQ.	FIBRES ALIMEN-TAIRES**
VIANDES	FARINE	LAIT	ASPERGE
- MOUTON	PAIN	NOIX	SALADES VERTES
- BŒUF	BISCOTTE	NOISETTE	EPINARD
- CHEVAL	POMMES DE TERRE	AMANDE	TOMATE
- VEAU	RIZ	CACAHUÈTE	AUBERGINE
- PORC	PÂTES	CERVELLE	COURGETTE
CHARCUTERIE	SEMOULE	FOIE	CÉLERI
VOLAILLES	COUSCOUS	SOJA (farine)	CHOU
LAPIN	TAPIOCA	GERMES DE BLÉ	CHOU-FLEUR
POISSONS	HARICOTS SECS	PÂTES AUX ŒUFS	CHOUCROUTE
CRABE	PETITS POIS	NOIX DE CAJOU	HARICOTS VERTS
CREVETTE	LENTILLES	NOIX DE COCO	POIREAU
LANGOUSTINE	POIS CHICHES	CHOCOLAT	ARTICHAUT
LANGOUSTE	CAROTTE	OLIVE	POIVRON
ŒUF	SUCRE	CHÂTAIGNE	ENDIVE
BEURRE	MIEL	MARRON	CHAMPIGNONS
FROMAGES	ALCOOL	COQUILLE ST-J.	NAVET
HUILES	MAÏS	HUÎTRES	SALSIFIS
MARGARINES	FRUITS	AVOCAT	FRUITS
	FRUITS SECS		LÉGUMES SECS

* Tous les aliments qui figurent dans cette colonne (sauf beurre, huiles et margarines) contiennent aussi des protides ou protéines.
** Contenant une très faible proportion de glucides.

CLASSIFICATION DES GLUCIDES

LES MAUVAIS GLUCIDES	LES BONS GLUCIDES
SUCRE DE CANNE (blanc et roux)	CÉRÉALES BRUTES (blé, avoine, orge, millet...)
SUCRE DE BETTERAVE	FARINES BRUTES (non raffinées)
CASSONADE	PAIN intégral
MIEL	PAIN au seigle complet
SIROP D'ÉRABLE	PAIN au son
SUCRERIES	RIZ COMPLET
MELASSE	PÂTES COMPLÈTES
CONFITURES, GELÉES	GERMES DE BLÉ
CRÈME GLACÉE	FÈVES FRAÎCHES
BOISSONS SUCRÉES (sodas, colas)	LENTILLES
FARINES RAFFINÉES (baguette, miche, biscottes)	FRUITS
	CÉLERI
GÂTEAUX À LA FARINE BLANCHE ET AU SUCRE	NAVET
	GERMES DE SOJA
PIZZAS	POUSSES DE BAMBOUS
BRIOCHES, CROISSANTS, BISCUITS	CŒUR DE PALMIER
QUICHES, FEUILLETÉS,	SALSIFI
VOL AU VENT	AUBERGINE
PÂTES BLANCHES (spaghetti, ravioli...)	COURGETTE
	CONCOMBRE
RIZ BLANC (raffiné)	TOMATE
FÉCULE DE POMMES DE TERRE	RADIS
CAROTTE	CHAMPIGNONS
MAÏS	CHOU
FÉCULE DE MAÏS	CHOU-FLEUR
SEMOULE, COUSCOUS	HARICOTS VERTS
AMIDON	POIREAU
CÉRÉALES RAFFINÉES	ARTICHAUT
– FLOCONS DE MAÏS	POIVRON
– PÉTALES DE MAÏS	SALADES VERTES
– RIZ SOUFFLÉ	EPINARD
ALCOOL (particulièrement de distillation)	POIS CHICHES
	POIS CASSÉS
	HARICOTS SECS
	CHOCOLAT avec au moins 60 % de cacao

CHAPITRE III

COMMENT FABRIQUE-T-ON
LES KILOS EN TROP ?

Nous avons vu dans le chapitre I que le solde positif entre « les calories absorbées » et « les calories brûlées » ne pouvait pas expliquer la surcharge pondérale. En d'autres termes, il ne justifie pas la constitution de graisses de réserve. Il y a donc une autre explication et c'est ce que je vous propose d'étudier dans ce chapitre.

L'INSULINE

Le processus de constitution ou de non constitution de graisses de réserve étant directement lié à la sécrétion d'insuline, il est nécessaire de commencer ce chapitre en disant quelques mots sur cette hormone. *L'insuline* est une hormone [1] sécrétée par le pancréas et dont le rôle est vital dans le métabolisme. Elle a pour fonction d'agir sur le *glucose* (c'est-à-dire le sucre) contenu dans le sang de manière à le faire

---

1. L'insuline est une hormone sécrétée par de petits amas de cellules du pancréas, appelées îlots de Langerhans.

pénétrer dans les tissus de l'organisme. A ce stade, le glucose est utilisé, soit pour satisfaire les besoins énergétiques immédiats du corps, soit, s'il existe en quantité importante, pour constituer des réserves de graisse.

Nous allons faire maintenant différentes hypothèses pour déterminer dans quelles conditions, avec quel type d'alimentation, et dans quelles proportions se constituent les réserves de graisse.

INGESTION D'UN GLUCIDE

Par exemple, d'une tartine de pain mangée *seule*.

Le pain est un glucide dont l'amidon métabolisé en glucose passe directement dans le sang. L'organisme se trouve ainsi subitement en hyperglycémie [2] (augmentation du taux de sucre dans le sang). Le pancréas décide alors de sécréter de *l'insuline*. Cette sécrétion d'insuline a en fait deux objectifs :

1° fixer le glucose dans les tissus de l'organisme, soit pour constituer une réserve d'énergie à court terme, utilisée pour les besoins vitaux immédiats du corps (glycogène), soit pour constituer un stock à plus long terme, sous forme d'une réserve de graisse ;

2° faire baisser le taux de sucre dans le sang (voir chapitre sur l'hypoglycémie).

---

2. Voir chapitre VI sur l'hypoglycémie.

INGESTION D'UN GLUCIDE ET D'UN LIPIDE

Par exemple, d'une tartine de pain *beurrée*.

En ce qui concerne le phénomène métabolique, nous nous trouvons devant un processus identique à celui décrit au paragraphe précédent.

Le glucide est transformé en glucose ; le taux du sucre dans le sang augmente ; le pancréas sécrète de l'insuline.

En revanche, la différence fondamentale est que, dans ce cas de figure, le lipide se retrouve, dans le sang, transformé en acide gras.

Si le pancréas est en parfait état, la dose d'insuline qu'il sécrètera sera exactement en rapport avec la quantité de glucose à traiter. Si en revanche, le pancréas est défectueux, la quantité d'insuline qu'il libèrera sera supérieure à celle qui était nécessaire pour traiter le glucose et ainsi une partie de l'énergie du lipide (qui en temps normal eut été évacuée) sera anormalement stockée en graisses de réserve. Vous comprenez alors que c'est l'état du pancréas qui fait la différence entre l'individu ayant tendance à l'embonpoint, et celui qui peut manger n'importe quoi sans grossir, le premier étant sujet à l'hyperinsulinisme.

INGESTION DE LIPIDES SEULS

Par exemple, d'un morceau de fromage mangé *seul*.

Le métabolisme d'un lipide seul n'a aucun effet glycémique, c'est-à-dire qu'il n'y a aucune libération de glucose dans le sang. En conséquence, le pancréas ne sécrète pratiquement pas d'insuline.

En l'absence d'insuline il n'y a donc pas de stockage d'énergie.

Cela ne veut pas dire pour autant que l'ingestion ne sert à rien. Car au cours du processus de digestion, l'organisme puise dans l'aliment en question toutes les substances qui sont nécessaires à son métabolisme énergétique et notamment les vitamines, les acides gras essentiels et les sels minéraux (calcium des laitages).

Cette démonstration est volontairement schématique et, bien qu'elle m'ait été donnée par d'éminents scientifiques elle peut faire sourire certains par sa simplicité. Car la réalité, vous vous en doutez bien, est un peu plus compliquée.

En revanche, elle précise *l'essentiel* du phénomène qui nous intéresse, *l'essentiel* de ce qu'il faut savoir pour comprendre les règles fondamentales à partir desquelles nous allons travailler.

Mais bien que ce chapitre soit, à mon sens le plus important de tous puisqu'il définit le processus de base de la constitution des graisses de réserve, il est insuffisant pour que vous compreniez encore pourquoi en continuant de manger tout à fait normalement mais « *différemment* » on peut, dans un premier temps, perdre tous les kilos superflus et, dans un second temps, se maintenir à un niveau idéal.

Note : Le pancréas est, en quelque sorte, le chef d'orchestre du métabolisme. S'il est en bon état, il assurera normalement sa fonction qui consiste à faire baisser la glycémie, en sécrétant la dose d'insuline qui convient. S'il est en mauvais état, c'est-à-dire s'il fait de l'hyperinsulinisme, il aura tendance à déclencher un stockage anormal des acides gras en graisses de réserve. C'est donc le pancréas, dans sa fonction insulinique, qui va être responsable des kilos en trop. Mais nous verrons plus loin qu'une alimentation hyperglucidique entraîne à la longue un dysfonctionnement pancréatique.

CHAPITRE IV

LA GESTION DES STOCKS

Dans le chapitre précédent nous avons mis en évidence la cause principale de la formation des graisses de réserve. C'est en fait l'explication du « pourquoi grossit-on ? ».

Vous avez donc compris que *l'association lipide-glucide, dans le cadre d'un fonctionnement pancréatique défectueux, pouvait être à l'origine des kilos en trop.* En fait, au lieu de parler de glucides, je devrais préciser « mauvais glucides », car comme nous l'avons vu au chapitre II, c'est plus leur qualité que leur présence qui est en cause.

Peut-être le saviez-vous déjà. Mais ce que vous ne connaissiez probablement pas, c'est le mécanisme scientifique de ce phénomène.

Ce que vraisemblablement vous ignorez également, c'est la méthode pour mettre en application les principes de base du *mode d'alimentation particulier* qui peut vous permettre de retrouver et de maintenir votre équilibre pondéral.

Imaginons, que vous soyez un homme pesant 87 kg alors que, compte-tenu de votre taille, votre poids idéal devrait être de 72 kg. Vous avez donc un poids excédentaire de 15 kg. Certains ont toujours eu une corpulence et un poids supérieurs à la « normale », mais ce n'est pas le cas le plus fréquent. En tout cas, cela ne veut pas dire pour autant que le nouveau mode alimentaire que je vous propose ne sera pas efficace, bien au contraire.

Comme pour bon nombre de vos contemporains, lorsque vous aviez 20/25 ans, votre poids était à peu près idéal. Mais, petit à petit, sans que vous ne vous en rendiez vraiment compte, vous avez pris progressivement quelques kilos.

Les raisons sont apparemment pour tout le monde à peu près les mêmes : sédentarité et changement de régime alimentaire.

Le premier changement notoire de régime alimentaire intervient très souvent avec le mariage et le développement de la vie sociale. Pour les femmes, il peut être aussi la conséquence d'une maternité.

Mais ce qui marque généralement le plus le tour de taille, ce sont les nouvelles habitudes alimentaires acquises dans le cadre de la vie professionnelle et de la vie sociale.

Vous avez donc plusieurs kilos de trop et il s'agit maintenant pour vous de savoir comment vous en débarrasser.

Nous allons nous limiter ici à considérer uniquement l'aspect technique du phénomène.

Le principe de base du nouveau mode d'alimentation décrit dans ce livre repose, en partie, sur le fait que l'on évite, dans la plupart des cas, de mélanger les lipides et les mauvais glucides, tout en ayant soin de privilégier les bons lipides pour prévenir les maladies cardio-vasculaires.

Les lipides seront accompagnés de légumes différents et notamment de fibres (ce que nous verrons
plus loin dans le détail).

Exemple de repas dans lesquels les mauvais glucides ne figurent pas :

N° 1 :

Sardines	(bon lipide + protéine)
Omelette aux Champignons	(lipide + fibres)
Salade verte	(fibres)
Fromage	(lipide + protéine)

Ou encore N° 2

Crudités	(fibres)
Gigot haricots verts	(lipide + protéine + fibres)
Salade verte	(fibres)
Fraises	(bon glucide + fibres)

Ou encore N° 3

Salade de tomates	(fibres)
Thon aubergine	(bon lipide + protéine + fibres)
Salade verte	(fibres)
Fromage	(lipides + protéines)

Aucun de ces trois menus ne comporte de mauvais
glucides. Bien évidemment, chacun de ces repas,
pour qu'il soit conforme à notre méthode, sera pris
sans pain. Attention aux fromages blancs, ils contiennent 5 g de glucides pour 100 g. Mieux vaut les
consommer au petit déjeuner ou au goûter, mais évi-

ter de les prendre à la fin d'un repas contenant un lipide [1].

Mais restons-en là pour l'instant au niveau technique pour découvrir comment a lieu la perte de poids.

Nous avons vu dans le chapitre précédent que, si l'alimentation était dépourvue de glucides, le pancréas ne sécrétait pas d'insuline et que, par voie de conséquence, il n'y avait pas constitution de graisses de réserve.

Puisque l'organisme a besoin d'énergie pour maintenir son équilibre vital (maintien du corps à 37 °C et dépenses énergétiques des mouvements), il va alors puiser dans ses graisses de réserve pour dégager l'énergie qui lui est nécessaire.

C'est ainsi qu'en s'alimentant tout à fait normalement (apport en vitamines, sels minéraux...), l'organisme va réduire de lui-même ces graisses de réserve qui constituent l'excès de poids. Il va en quelque sorte brûler d'une manière prioritaire les stocks de graisses accumulés préalablement.

Vous connaissez peut-être la règle de gestion appliquée aux stocks dans les entreprises : « dernier rentré — dernier sorti, premier rentré — premier sorti ».

En présence des mauvais glucides, la règle des stocks n'est jamais respectée puisque, comme nous l'avons vu dans le chapitre précédent, il y a dans ce cas constitution de réserves à très court terme pour les besoins *immédiats* (dernier rentré — premier

---

1. De plus, choisissez de préférence des fromages blancs à 0 % de matière grasse bien égouttés (en faisselle) de manière à éliminer le petit lait qui contient un glucide : le lactose.

sorti) et, s'il y a surplus, celui-ci est emmagasiné sous forme de graisses de réserve, sans espoir de sortie.

En excluant les mauvais glucides du bol alimentaire, l'organisme retrouve donc l'une de ses fonctions primaires, qui est d'utiliser en priorité ses stocks pour assurer son approvisionnement énergétique. Mais la question qui vous vient certainement à l'esprit est de vous demander ce qui se passe lorsqu'il n'y a plus de graisses de réserve.

Lorsque celles-ci ont été complètement utilisées et que l'on se trouve en quelque sorte en « rupture de stock », lorsque l'organisme a pratiquement retrouvé son poids normal, il décide alors de conserver un « *stock tampon minimal* » qu'il alimentera lui-même au fur et à mesure des besoins.

L'organisme, tel le plus performant des ordinateurs, va donc mettre en place une gestion optimale de ses stocks de graisse. Et ce, tant que le programme ne sera pas perturbé par l'interférence des mauvais glucides.

Mais il ne faudrait pas en déduire prématurément que l'application des principes de notre nouveau mode alimentaire vous interdise à jamais l'ingestion de frites, pâtisseries et autres sucres. Les mauvais glucides pourront toujours faire partie de l'alimentation, à condition de n'en faire usage qu'exceptionnellement, et de les prendre, si possible, toujours séparément des lipides, ce qui constituera néanmoins un écart dont il faudra tenir compte dans la gestion de votre alimentation. Nous verrons dans le chapitre suivant comment mettre facilement cette règle en application.

Nous verrons notamment qu'après avoir résorbé notre surplus de graisses de réserve, lorsque nous entrerons dans la phase de stabilisation, nous pourrons réintégrer, dans les repas comportant des lipides, une certaine quantité de mauvais glucides. Mais nous serons à la fois *prudents* et *sélectifs*.

Car ce dont vous souffrez, pour employer un terme médical, c'est d'une *mauvaise tolérance au glucose*, c'est-à-dire aux sucres. C'est d'ailleurs ce qui fait la seule différence entre vous mangeur normal qui « faites de la graisse » et votre voisin qui est sec comme un coup de trique et qui « bâfre » comme un ogre.

Vous faites une intolérance aux sucres, peut-être pour des raisons héréditaires [2], mais vous êtes assurément aussi l'une des trop nombreuses victimes des déplorables habitudes alimentaires de notre civilisation.

En réalité, on vous a *intoxiqué* aux mauvais glucides et il va falloir un peu de temps pour revenir à une sensibilité normale.

Tout cela a commencé avec votre enfance. L'eau sucrée, les bouillies, les petits gâteaux, les bonbons et les sucettes. Et puis il y a eu les pâtes et le riz. C'est tellement plus facile à préparer que la mousseline de céleri ou les blancs de poireaux. Il y a eu aussi les goûters, les grosses tartines de pain blanc beurrées, les pains au lait, les brioches, les confitures et le pain d'épice de la grand-mère. Plus tard, en pension et à l'armée pour les hommes, c'étaient encore les pommes de terre, les pâtes et le riz. Il fallait des choses bien nourrissantes, qui calent. Et toujours

---

2. Une étude publiée le 23.01.1986 dans le New England Journal of Medecine, portant sur 540 adultes, tous adoptés dans l'enfance, montre que l'obésité est avant tout le fait d'un facteur héréditaire (parents biologiques).

beaucoup de pain et du sucre. Le sucre, c'est bon pour les muscles, vous disait-on.

Ensuite, au cours de vos études, c'était soit la « tambouille » du « Restau U », soit le fast-food, soit le sandwich au bistrot du coin. Les « petites bouffes sympas » chez les copains, ou organisées à l'improviste dans votre « piaule » n'étaient en réalité que des « hydrates de carbone parties ».

Et, depuis que vous êtes dans la vie active, même si la qualité de votre alimentation est bien meilleure, vous êtes toujours la victime permanente des habitudes déplorables de votre entourage.

Chez vous, vous mangez comme les enfants les sempiternels pâtes, riz, pommes de terre avec parfois de la béchamelle. C'est rapide et si facile à faire, surtout qu'à notre époque les farines ne font plus de grumeaux.

Au bureau ce n'est pas mieux. On n'a pas toujours le temps d'aller à la cantine. C'est tellement plus facile de manger un sandwich. C'est plus rapide et beaucoup plus simple.

Et puis, productivité oblige, on essaie de gagner du temps car on en manque en permanence. Alors on prend des rendez-vous pendant l'heure du repas, pour aller chez le coiffeur par exemple, ou bien on en profite tout simplement pour faire des courses. Cela permet de faire autre chose, mais oblige à sauter le déjeuner. Et comme il faut tenir le coup, on boit du café [3]. Du café fort autant que possible et naturellement avec du sucre, du sucre normal bien entendu car c'est tou-

---

3. Le café, comme nous le verrons au chapitre V a pour effet de stimuler la sécrétion d'insuline et de renforcer ainsi la sensibilité aux hydrates de carbone.

jours bon pour les muscles même quand ils ne travaillent pas.

Le samedi et le dimanche, c'est la « bonne bouffe » ou la « couscous partie » avec les amis, ou encore les traditionnels repas de famille. La pomme de terre sous la cendre chez la grand-mère à la campagne ou bien ce gratin dauphinois qu'il serait un crime de ne pas manger avec un si bon gigot.

Et voilà comment, tel le « Bibendum » de chez Michelin, vous fabriquez votre propre pneu, une roue de secours dont vous n'aurez jamais à vous servir et qui devient d'autant plus encombrante qu'elle augmente presque à vue d'œil.

Mais voilà surtout comment, on vous a, ou vous vous êtes, *intoxiqué aux glucides de mauvaise qualité, c'est-à-dire à ceux dont la libération de glucose est beaucoup trop importante.*

Il va donc falloir faire une *cure de désintoxication* qui coïncidera d'ailleurs avec la perte de vos excédents de graisse.

Il va falloir en quelque sorte *élever votre seuil de tolérance aux sucres.* Car pour l'instant il est très bas. Ce qui signifie que, dès que vous absorbez la moindre parcelle de glucides et particulièrement de mauvais glucides, votre pancréas se met en route et fabrique une dose anormale d'insuline.

En d'autres termes, la dose d'insuline produite par votre pancréas n'est plus en rapport avec la quantité de glucose libérée dans le sang. Comme elle est excédentaire, elle a pour effet de récupérer une partie des acides gras pour les stocker sous forme de graisses de réserve. Vous faites tout simplement de l'hyperinsulinisme.

Mais ces fameuses mauvaises habitudes alimentaires, qu'on vous a inculquées ou que vous avez prises par facilité, n'ont pas pour seule conséquence d'être responsables de votre embonpoint. Elles sont aussi responsables d'un grand nombre de maux dont vous avez souffert, dont vous souffrez encore et dont les principaux sont *la fatigue* et les troubles digestifs, avec toutes les implications qu'on leur connaît. Ces deux aspects particuliers seront étudiés en détail dans les chapitres sur l'hypoglycémie et sur la digestion.

A ce stade, je tiens à rassurer tout de suite mon lecteur. L'originalité des principes que je recommande n'a pas pour effet de vous laisser, comme dans la plupart des régimes traditionnels, une marge de manœuvre insignifiante.

C'est exactement le contraire. Je vous l'ai déjà précisé dans l'introduction. Vous pourrez mettre en pratique les règles énoncées au chapitre suivant avec la plus grande facilité, car elles sont d'une grande simplicité et ont un côté pratique que l'on rencontre rarement.

Même au début, quand il vous faudra supprimer catégoriquement certains aliments ou certaines combinaisons, vous aurez d'autant moins de mal à le faire que vous prendrez vos repas à l'extérieur.

Chez vous, il vous sera peut-être plus difficile de changer du jour au lendemain les principes du quotidien. Car on ne peut pas faire un menu pour chacun. Mais lorsque la maîtresse de maison aura compris (en voyant les résultats et en lisant ce livre) que ces nouvelles règles alimentaires sont bonnes et efficaces pour tout le monde, y compris pour les enfants, elle changera rapidement d'avis et accueillera vos demandes avec beaucoup plus d'enthousiasme.

D'une manière générale dans la vie, tout principe, quel qu'il soit, est relativement facile à admettre. Ce qui pose des problèmes, c'est toujours son application. Et peut-être, bien que quelques-unes des règles développées dans ce livre ne vous soient pas inconnues, est-ce la raison pour laquelle beaucoup d'entre vous, faute de guide, n'ont jamais pu les mettre en pratique d'une manière efficace.

Etudiez donc scrupuleusement le chapitre suivant, car c'est non seulement grâce à lui que vous gagnerez la « bataille du pneu », mais aussi que vous vous découvrirez une forme physique et intellectuelle exceptionnelle.

CHAPITRE V

LA MÉTHODE

Nous voici donc arrivés au cœur du sujet. Les chapitres précédents vous ont peut-être paru un peu longs, étant donné l'impatience que vous aviez d'arriver à la méthode proprement dite pour pouvoir, sans plus attendre, mettre en application les nouveaux principes qui doivent vous permettre de réaliser votre objectif : *perdre du poids, mais aussi ne jamais en reprendre* et ce, tout en continuant à mener une vie sociale, familiale et professionnelle identique.

Mais j'insiste beaucoup, notamment pour ceux qui auraient tendance à l'occulter, sur le fait que la lecture de ce qui précède est *absolument indispensable* pour que la mise en pratique de ces principes soit bien comprise et devienne un succès. Il est, en effet, essentiel de connaître certains mécanismes et aussi d'évacuer pour toujours de son esprit des idées reçues telles que la référence aux calories.

Comme je l'ai déjà évoqué, la description de la méthode se fera en deux stades :

1. la perte de poids proprement dite ;

2. le maintien de l'équilibre pondéral, c'est-à-dire la phase de stabilisation ou le rythme de croisière.

65

LA PERTE DE POIDS PHASE I

La première chose à faire quand on commence à mettre en œuvre un projet et, qui plus est, un projet ambitieux, c'est de se fixer un objectif.

Il vous faut donc déterminer le nombre de kilos que vous avez en trop, en sachant que chaque organisme est animé d'une sensibilité particulière. Plusieurs facteurs peuvent expliquer la différence : le sexe, l'âge, le passé alimentaire, l'historique diététique, l'hérédité. C'est pourquoi il est difficile de dire combien de kilos vous allez pouvoir perdre par semaine. Pour certains, cela sera de un kilo, pour d'autres un peu moins. Encore que dans de nombreux cas il pourrait y avoir une chute importante au début, puis une diminution plus lente. Ne soyez donc pas inquiet si c'est plus long que pour une autre personne de votre entourage. Peut-être avez-vous déjà une idée plus ou moins précise de ce que vous souhaiteriez perdre. Je sais par exemple que si vous pouviez vous débarrasser de 4 ou 5 kg (alors que vous en avez peut-être 10 ou 12 de trop), vous seriez très heureux.

Je vous encourage, pour ma part, à être plus exigeant que cela. Vous êtes sans doute ambitieux dans votre vie professionnelle. Soyez-le aussi pour votre ligne.

LES ALIMENTS SOUS HAUTE SURVEILLANCE

Je sais par expérience que, psychologiquement, il n'est pas bon de commencer par le négatif. Et, pendant très longtemps, j'ai d'abord essayé d'insister sur ce qui était permis, avant de signaler ce qui ne l'était pas. Mais en réalité, c'est assez fastidieux car la liste de ce qui est permis est tellement longue que l'on n'en finirait pas. Ce qui est à proscrire est, en revanche, tellement plus court et plus important qu'il vaut donc mieux s'y attarder en premier lieu.

LE SUCRE

C'est le champion toute catégorie des mauvais glucides.

Le sucre devrait toujours être accompagné du symbole du danger. Car c'est *un produit qui peut être dangereux*, quand on en fait une consommation importante, ce qui est le cas malheureusement de la plupart de nos contemporains et notamment des enfants.

Je lui ai consacré un chapitre entier car il est indispensable que vous soyez à jamais convaincu de son rôle néfaste dans l'alimentation et de ses conséquences, non seulement sur les kilos en trop, mais aussi et surtout au niveau de la fatigue (voir chapitre sur l'hypoglycémie), du diabète, des gastrites, des ulcères, des caries dentaires et des maladies coronariennes.

Mais, pensez-vous peut-être, le sucre est indispensable. Eh bien non ! il n'est pas indispensable. Preuve en est que pendant des dizaines de milliers d'années, l'homme n'en avait pas à sa disposition et ne s'en portait pas plus mal, bien au contraire.

Le sucre, il y a moins de deux siècles, était encore un produit de luxe peu accessible à la majorité de la population. Aujourd'hui, le sucre fait autant de ravages que l'alcool et la drogue réunis.

Mais alors, vous demandez-vous, si l'on supprime totalement le sucre, comment va-t-on pouvoir maintenir dans le sang le taux minimal indispensable.

Bonne question !

Sachez donc que l'organisme n'a que faire d'un apport extérieur de sucre (c'est d'ailleurs dans ce cas qu'il est perturbé au niveau glycémique) car il sait le fabriquer lui-même sous forme de glucose quand il en a besoin et c'est de loin ce qu'il préfère, le glucose est en effet le seul carburant de l'organisme.

Au fur et à mesure que l'organisme détermine ses besoins en sucre, ce dernier est directement fabriqué à partir des graisses de réserve. Les graisses sont tout simplement transformées en glucose.

Ne consommez donc plus de sucre !

De deux choses l'une, ou bien vous pouvez vous en passer et je vous en félicite, ou bien vous le remplacez par un édulcorant de synthèse [1].

LE PAIN

Le pain aurait pu faire l'objet d'un chapitre entier car il y a beaucoup à en dire. En bien, pour le « bon pain », si rare à notre époque, mais surtout en mal, pour le décevant produit qui est vendu désormais par la grande majorité des boulangers.

Le pain ordinaire, étant fabriqué avec des farines raffinées (sans parler de pâtes industrielles congelées), est de ce fait dépourvu complètement de tout ce qui est nécessaire à un métabolisme normal. Sur le

---

1. Voir chapitre IX sur le sucre.

plan nutritif, il n'apporte rien, sinon de l'énergie sous forme de glucose.

Sur le plan digestif, il n'apporte que des troubles, étant donné que tous les éléments qui devaient lui assurer une bonne digestion, ont disparu avec le raffinage de la farine.

D'ailleurs, plus le pain est blanc, plus il est « mauvais ». Car la blancheur indique un très grand raffinage de la farine.

Le pain complet [2] ou le pain intégral, fabriqué à l'ancienne avec des farines non raffinées, est beaucoup plus acceptable car il comporte des fibres. La quantité de glucose qu'il libère est très nettement inférieure au précédent. Il est donc moins « grossissant ».

Mais aussi bon soit-il, même ce pain-là sera provisoirement supprimé au cours des repas. Il faudra en revanche en manger normalement au petit déjeuner, ce que nous verrons un peu plus en détail ultérieurement.

Y a-t-il une inquiétude de votre part du fait de la suppression du pain ? Si oui, je vous rassure tout de suite.

Si vous êtes un consommateur de pain ordinaire, ce qui est le cas de 95 % de la population, vous n'avez rien à perdre en n'en mangeant pas (sinon des kilos). Au contraire, vous avez tout à gagner car il est si néfaste à votre santé que ce sera une sage résolution.

En revanche, si vous ne mangez qu'*exclusivement* du pain complet ou du pain intégral fabriqué avec des farines non raffinées (ce qui prouverait que vous avez déjà une bonne culture diététique), vous risquez en

---

2. Pour 100 g de pain, il y a 90 mg de magnésium dans le pain complet et 25 mg seulement pour le pain blanc.

effet de perdre quelque chose, notamment au niveau du transit intestinal.

Mais rassurez-vous, non seulement vous allez pouvoir continuer à en prendre au petit déjeuner, mais nous allons aussi en remplacement vous recommander la consommation de légumes à fibres dont le rôle dans le transit intestinal est aussi, sinon plus important.

LES FÉCULENTS

Les féculents sont des farineux constitués d'amidon. Ce sont pour la plupart de mauvais glucides et certains devront être exclus.

La pomme de terre

Le premier des féculents est la pomme de terre. Sachez pour la petite histoire que, lorsque la pomme de terre a été rapportée du nouveau monde en 1540 par les navigateurs, les Français ont délibérément rejeté cette racine, tout juste bonne à donner aux cochons. Ils la trouvèrent si mauvaise qu'ils refusèrent de la consommer, ce qui n'était pas le cas des populations nordiques, allemandes, scandinaves, irlandaises... qui l'adoptèrent. Il faut avouer qu'ils n'avaient pas tellement le choix, n'ayant le plus souvent rien d'autre à manger.

Les Français traitèrent donc avec mépris ce « tubercule à cochon » pendant plus de deux siècles.

Il fallut attendre en 1789 la publication par Parmentier d'un *Traité sur la culture et les usages de la pomme de terre* pour que nos concitoyens se décident à consommer le tubercule en question. La famine de l'époque les y avait d'ailleurs un peu encouragés.

On découvrit plus tard que la pomme de terre était riche en vitamines et en sels minéraux, mais qu'elle perdait la plupart de ses propriétés à la cuisson et surtout dans l'abandon de ses épluchures.

Les expérimentations récentes démontrent que la libération de glucose dans la métabolisation de la pomme de terre est très importante.

Les diététiciens traditionnels classent généralement la pomme de terre comme un « sucre lent » ce qui est une erreur. Par rapport à un index 100 qui est celui du glucose pur, on a pu démontrer que l'index de la pomme de terre est de 70, ce qui en fait un mauvais glucide, malgré la complexité de sa molécule d'hydrate de carbone (voir chapitre II). De plus on a pu vérifier que le traitement industriel de la pomme de terre (purée instantanée) fait monter l'index glycémique à 95.

Regardez donc la pomme de terre fumante dans l'assiette de votre voisin avec le plus grand mépris !

Mais la pomme de terre, c'est aussi la frite, et là je sens déjà fléchir vos résolutions.

La frite en elle-même est un aliment glucido-lipidique, comme la tartine de beurre en quelque sorte. Elle ne peut même pas être consommée sans risque de prise de poids, car l'huile de friture qui l'imbibe risque d'être stockée sous forme de graisses de réserve.

Le bifteck frite est donc une hérésie !

Chassez de votre esprit cette image du plus mauvais mariage alimentaire ! Le lipide de la viande et le mauvais glucide de la frite constituent un mélange contre nature.

Je sais ce qu'il en coûte d'abandonner ce mets national, mais c'est le prix qu'il faut payer pour atteindre votre objectif. Lorsque vous serez parvenu au résultat, vous ne le regretterez pas.

Quand vous lirez le chapitre sur la digestion, vous comprendrez encore mieux le danger du mélange de la viande et des glucides, et vous prendrez alors conscience des troubles intestinaux divers et des multiples effets secondaires dont il est responsable. Vous ferez donc tout seul ce mauvais jeu de mots : « Pour avoir la frite, pas de frite » !

Il m'arrive pourtant une ou deux fois par an, non pas de céder devant un plat de frites, mais de décider délibérément de manger des frites (quand on n'a plus un gramme à perdre, on peut tout décider), mais pas n'importe lesquelles. Car si l'on doit faire un écart, autant le savourer jusqu'à la lie et choisir la meilleure qualité qui soit. Si vous voulez considérablement limiter les dégâts, mangez les frites avec la salade. C'est excellent, mais surtout, les fibres de la salade permettent de piéger, en quelque sorte, l'amidon et de faire du mélange un glucide dont la libération de glucose est considérablement limitée en quantité.

Lorsque vous commandez votre viande au restaurant, ayez donc tout de suite le réflexe de demander ce qu'il y a comme accompagnement. Il y a toujours autre chose que des pommes de terre. Prenez des haricots verts, des tomates, des épinards, des aubergines, du céleri, du chou-fleur, des courgettes. Et si, par malheur, il n'y a pas d'autres garnitures que de mauvais glucides, et bien prenez tout simplement de la salade.

Chez vous, lorsque vous cherchez ce que vous allez servir comme légumes avec la viande, ayez le même réflexe.

Les haricots secs

D'aucuns s'attendent sans doute a une condamnation sans réserve des haricots secs, étant donné ce qui vient d'être dit sur la pomme de terre. Eh bien ils se trompent ! Dans la première version de ce livre, je ne ménageais ni le haricot ni la plus noble manière de le cuisiner : le cassoulet.

Je fais aujourd'hui amende honorable en priant les habitants de Castelnaudary et notamment les frères Spanghero de bien vouloir pardonner mon ignorance.

J'ai en effet découvert depuis, avec surprise et grande satisfaction, les vertus du fayot. Celui-ci doit désormais être classé parmi les bons glucides étant donné le très bas index glycémique dont il fait preuve [3].

Ceci dit, je recommande de l'éviter en Phase I, à moins que vous n'envisagiez de le consommer exclusivement au petit déjeuner en lieu et place de votre pain complet.

Nous reviendrons ultérieurement sur cet élément qui pourra faire l'objet d'une consommation raisonnable en Phase II.

Le riz

Le riz, à l'origine et tel qu'il était habituellement consommé par les asiatiques traditionnels, est à lui seul un aliment complet puisqu'il contient tous les

---

3. Voir chapitre II.

éléments nutritifs indispensables au maintien de la vie.

En revanche, le riz blanc, qui est consommé généralement aujourd'hui est hautement raffiné. Il l'est d'ailleurs à un tel point qu'il ne lui reste quasiment plus rien en termes de nutriments, sinon ce dont on se serait bien passé : l'amidon.

Le riz ordinaire (raffiné) est donc à exclure puisque, au même titre que la farine raffinée, c'est un mauvais glucide dont la libération de glucose est importante [4].

A l'inverse, le riz complet et, mieux encore, le riz sauvage canadien pourra être consommé à condition de ne pas le mélanger avec des lipides (beurre ou fromage). En association avec des tomates (réduites à la cuisson) et des oignons, il peut constituer un plat familial complet, très apprécié de tous (voir recette en annexe).

Il est extrêmement rare de trouver du riz complet au restaurant, ce qui est vraiment dommage.

La faute en incombe peut-être à son aspect gris-marron.

Le maïs

On cultive le maïs depuis des siècles, et pourtant on ne le mange que depuis quelques décennies seulement.

Il y a quarante ans, on ne trouvait pas une boite de maïs en Europe, car c'était un aliment exclusivement réservé aux animaux.

Aux Etats-Unis, le maïs servit jusqu'en 1929 à engraisser le bétail. Mais la sécheresse de cette année-

---

4. Libération de glucose par rapport à un index 100 :
Pour le riz raffiné : index 70.
Pour le riz complet : index 50.

là décima les troupeaux et ruina les fermiers du middle-west. Une véritable famine s'ensuivit et à défaut de manger les bovins, qui étaient morts, les populations affamées décidèrent de manger leur nourriture, ou ce qu'il en restait.

C'est ainsi que l'Amérique se mit à consommer du maïs, une habitude qui fut colportée en Europe avec l'occupation américaine de l'après-guerre.

Comment peut-on s'étonner aujourd'hui que le maïs ait un index glycémique élevé, ce qui en fait un mauvais glucide, alors que l'on sait qu'il a servi pendant des siècles à engraisser les bovins ? Mais ce qu'il est intéressant de savoir c'est que le traitement industriel du maïs en augmente considérablement l'index glycémique, ce qui donne au pop-corn et autre corn flakes un pouvoir hyperglycémiant, autrement dit, hypergrossissant. De plus, il contient une substance qui détruit la vitamine PP nécessaire à la croissance et dont le déficit entraîne des troubles métaboliques et des fatigues anormales.

Les pâtes

Même s'il s'agit de pâtes fraîches, il vaut mieux les exclure de l'alimentation. Les pâtes sont par nature de mauvais glucides, fabriquées presque toujours à partir de farines raffinées et auxquelles on ajoute des lipides : beurre, œufs, fromage, huiles, etc. Et, n'en déplaise aux inspirateurs des fameux slogans publicitaires, plus elles sont « riches », plus elles deviennent glucido-lipidiques et ainsi, plus elles sont contraires à nos principes.

Je conçois que l'on nourrisse quelque amertume à devoir supprimer les pâtes car, quand elles sont fraîches et bien faites, elles sont vraiment délicieuses.

Si en tout cas on vous servait malencontreusement des pâtes fraîches (car les autres ne méritent que profond mépris), ayez la force de ne pas y toucher tant que vous êtes dans la Phase I, c'est-à-dire en phase de perte de poids. Lorsque vous aurez atteint le rythme de croisière dans la Phase II, goûtez-les si vous êtes certain qu'elles en valent le sacrifice.

Quant aux pâtes complètes, celles qui sont fabriquées avec des farines non raffinées, elles pourront faire partir de l'alimentation normale de la Phase II et je vous dirai ultérieurement comment les accommoder et à quel moment de la journée il convient de les manger.

Les pâtes complètes sont en effet classées dans la catégorie des bons glucides dans la mesure où leur index glycémique est de 45 seulement.

Ce que l'on peut cependant déplorer, c'est que ce produit soit en France abusivement classé dans la rubrique des produits diététiques. Les commerçants peuvent ainsi les vendre deux à trois fois plus cher que des pâtes normales, ce qui est d'autant plus scandaleux que leur prix de revient est inférieur, dans la mesure où la matière première subit moins de traitement industriel.

Dans les pays nordiques et notamment en Allemagne les pâtes complètes sont au même prix que les autres. On peut donc espérer que l'ouverture définitive des frontières européennes vienne fort heureusement régulariser cette situation.

Les autres mauvais glucides

Je me suis volontairement étendu sur les principaux, ceux que l'on a coutume de consommer régulièrement et auxquels il va falloir renoncer tout au moins temporairement.

Il existe d'autres mauvais glucides et vous en trouverez une liste exhaustive à la fin du chapitre II. Il vaut mieux les connaître pour pouvoir les éviter si on les rencontre sur une carte, dans un plat, ou dans son assiette, ce qui n'est pas encore trop tard. Citons donc pêle-mêle, le couscous, ainsi que toutes les céréales raffinées et enrichies en graisses, sucres et autres caramels que l'on mange souvent au petit déjeuner pour se donner bonne conscience.

Quant aux lentilles, aux pois chiches et autres pois cassés on aurait pu s'attendre à les voir figurer en bonne place dans la même liste. On leur réservera en réalité un traitement de faveur, car même si ce sont des féculents, ils ont l'avantage de ne libérer qu'une quantité réduite de glucose. Ils resteront cependant exclus en Phase I, mais pourront ensuite être réintégrés dans la phase de stabilisation.

Par ailleurs il est une espèce un peu particulière de glucide dont je voudrais parler maintenant ; c'est le fruit.

LES FRUITS

Le fruit est un sujet tabou et, si je me hasardais à dire maladroitement qu'il vaut mieux le supprimer de votre alimentation, bon nombre d'entre vous fermerait le livre à cette page et n'irait pas plus loin tant il serait scandalisé par une telle suggestion.

Car le fruit dans notre culture est un symbole. Un symbole de vie, de « richesse » et de santé. Le fruit, c'est d'abord une source de vitamines, c'est du moins ce que l'on pense. Je vous rassure tout de suite, nous n'allons pas supprimer les fruits. Mais il faudra les manger différemment pour en tirer tous les bienfaits sans en subir les inconvénients. Car ils sont beaucoup plus difficiles à assimiler que vous ne le pensez.

Le fruit est une fibre mais c'est aussi un glucide puisqu'il contient du « sucre » sous forme de fructose. Et ce fructose doit faire l'objet d'une attention toute particulière, dans la mesure où il se transforme en glycogène (énergie rapidement disponible). Heureusement, la quantité de sucre contenue dans les fruits n'est pas très élevée et de toute manière se libère en faible quantité grâce aux fibres qu'ils contiennent. La quantité d'énergie transformée n'est donc jamais préoccupante. C'est toujours, en tous cas, de l'énergie qui sera utilisée pour les besoins immédiats. La règle importante (et si vous n'en retenez qu'une seule, retenez celle-là) c'est que les fruits d'une manière générale *ne peuvent se combiner avec rien d'autre* ni avec les lipides ni avec les protides.

Cette observation n'est pas faite uniquement à la lumière de la perte de poids qui nous intéresse. Elle repose sur les lois de la chimie de la digestion. Les fruits, lorsqu'ils sont pris en association, perturbent la digestion des autres aliments absorbés et du même coup perdent la plupart des propriétés (vitamines, etc.) pour lesquelles ils ont été ingérés. C'est pourquoi, la plus grosse erreur que l'on puisse faire est de consommer des fruits à la fin d'un repas.

Comme je vous sens sceptique je vais ici-même vous donner quelques explications, bien que cela fasse l'objet du chapitre sur la digestion.

L'amidon, pour être digéré, doit *obligatoirement* être accompagné d'un enzyme qui s'appelle la ptyaline et qui est sécrété au niveau de la salive. La plupart des fruits ont la propriété de détruire la ptyaline. Il en résulte que l'amidon en présence de fruits n'est plus digestible. Le bol alimentaire reste donc en « souffrance » dans l'estomac où, du fait de la chaleur et de l'humidité, il va fermenter. Un certain ballonnement, des gaz et des troubles digestifs d'une manière générale seront la conséquence directe de ce phénomène. Peut-être comprenez-vous mieux déjà certains symptômes qui vous sont familiers.

Lorsque les fruits sont consommés avec des lipides-protides, par exemple des viandes ou du fromage, ils sont bloqués un certain temps dans l'estomac alors qu'ils désiraient très rapidement passer dans l'intestin où ils seront normalement digérés. Mais la viande a la propriété de séjourner un certain temps dans l'estomac où elle subit la phase la plus importante de sa digestion grâce aux enzymes adéquats.

Les fruits vont donc être prisonniers dans l'estomac où, sous l'effet de la chaleur et de l'humidité, ils vont faire l'objet d'une fermentation, entraînant même une production d'alcool. Toute la digestion sera donc perturbée.

Les fruits perdront du même coup toutes leurs propriétés (vitamines), mais comme un malheur n'arrive jamais seul, le métabolisme des protides sera par la même occasion perturbé, d'où l'apparition de ballonnements par putréfaction anormale.

Les fruits doivent donc être consommés seuls ! Voilà une règle que l'on devrait apprendre à l'école. Nos enfants auraient moins souvent des problèmes gastriques. Encore qu'à leur âge, leur organisme ait d'autres ressources pour réagir. Mais chez un adulte et particulièrement chez une personne âgée, les fruits en fin de repas sont *un véritable poison*.

Mais alors quand faut-il les consommer ?

A chaque fois que l'on est à jeun. Le matin par exemple, avant le petit déjeuner. Mais il faudra attendre une bonne demi-heure ensuite avant de commencer le petit déjeuner, s'il est glucidique (c'est-à-dire à base de céréales par exemple et une heure, s'il est lipidique (œufs, bacon, fromages...).

On pourra aussi manger des fruits le soir tard avant de se coucher. C'est-à-dire au moins deux à trois heures après la fin du dîner.

Pour ceux qui ont des problèmes d'insomnie (qui d'ailleurs devraient en partie être réglés avec le suivi de la méthode alimentaire exposée dans ce livre), il est recommandé de ne pas consommer d'orange au coucher, la vitamine C ayant pour effet de stimuler l'éveil.

Un fruit peut aussi être éventuellement consommé au milieu d'après-midi. Mais il faudra bien vérifier qu'il y ait un décalage suffisant avec le déjeuner (environ trois heures) et que l'on soit assez loin du dîner (une heure au moins).

On peut même faire des repas de fruits. A condition toutefois de ne manger que cela.

Le citron n'est quasiment pas sucré, on peut donc boire son jus (non sucré) à tout moment ou s'en servir pour les assaisonnements.

De plus évitez le melon en début de repas, il ferait sécréter un peu d'insuline susceptible de piéger ensuite les lipides du plat principal.

Je terminerai en ce qui concerne les fruits par une précision supplémentaire. A chaque fois que c'est possible, mangez la peau des fruits. Ils contiennent des fibres ce qui est bon pour le transit intestinal mais c'est dans leur peau que l'on trouve le plus de fibres (et parfois même de vitamines).

Mangez des fruits avec leur peau limite leur pouvoir glycémique. Donc vous maigrirez mieux (ou vous grossirez moins), si vous respectez cette règle.

Parmi les aliments sous haute surveillance, il nous reste à parler des boissons et la première d'entre-elles, l'alcool.

L'ALCOOL

L'alcool fait grossir ! C'est ce que vous pensez parce que c'est ce que l'on vous a dit. On vous a même peut-être donné mauvaise conscience en insinuant que tous les kilos en trop que vous aviez, devaient être mis sur le compte de l'alcool. Il ne fallait pas chercher plus loin. Nous allons essayer de faire objectivement le point sur cette question.

C'est vrai que l'alcool fait grossir. Mais *beaucoup moins* que le sucre, le pain blanc, les pommes de terre et le riz. C'est pourquoi vous pouvez très rapidement, après avoir perdu vos kilos superflus, réintroduire le vin en quantité tout à fait acceptable (un demi-litre par jour environ). L'alcool fait aussi grossir parce que c'est un glucide qui est rapidement métabolisé en réserve immédiate, après avoir stimulé la sécrétion d'insuline. Mais ceci se produit surtout lorsque l'on est à jeun. Lorsque l'estomac est déjà rempli et particulièrement de protides-lipides (viandes, poissons, fromages), l'alcool se métabolise beaucoup moins rapidement en se combinant aux aliments et produit ainsi peu de graisses de réserve.

Ce qu'il faut abandonner délibérément, c'est l'apéritif. Si vous ne pouvez pas faire autrement qu'accompagner vos invités, prenez quelque chose de non alcoolisé comme un jus de tomate ou un Perrier-tranche.

Le seul apéritif noble, à mon avis, c'est un verre de bon champagne ou de bon vin, blanc notamment. Mais de grâce, n'acceptez pas qu'on vous mette (la plupart du temps pour dissimuler la qualité médiocre du vin ou du champagne) de la liqueur de cassis ou autre sirop bizarre que chacun s'efforce d'inventer pour faire preuve d'originalité.

Si vous ne pouvez faire autrement, acceptez à l'apéritif un verre de bon champagne, mais surtout *ne le buvez pas à jeun*. Commencez d'abord par manger des amuse-gueules.

Mais attention ! Des amuse-gueules sans glucide. Vous apprendrez très rapidement à les reconnaître.

A proscrire dans cette catégorie : les chips, les petits gâteaux salés...

Sont acceptables : les olives, le fromage, la charcuterie (saucisse sèche par exemple) ou encore le poisson.

Il faudra cependant dans la Phase I essayer de supprimer complètement l'apéritif car c'est une phase de rigueur dans laquelle les règles de base de la méthode doivent être appliquées complètement pour être efficaces au niveau de la perte de poids.

LES DIGESTIFS

Quant aux digestifs, faites un trait dessus. Les cognacs, armagnacs et autres poires sont délicieux, mais mauvais en tout point pour votre équilibre pondéral. Laissez le soin à nos producteurs nationaux de vendre leur production à l'exportation. C'est bon pour la balance (commerciale) de la France mais mauvais pour la vôtre.

Mais peut-être êtes-vous un adepte du digestif parce que vous pensez que cela vous aide à digérer. Eh bien ! rassurez-vous, quand vous aurez adopté avec succès les principes alimentaires contenus dans ce livre, vous n'aurez plus du tout de problème de digestion, même après un repas plantureux.

LA BIÈRE

En ce qui concerne la bière, je ne serai pas beaucoup plus tendre. Car c'est pour moi une boisson dont il faut faire un usage très modéré.

De la même manière que vous connaissez des maigres qui s'empiffrent de mauvais glucides sans prendre un gramme, vous avez certainement rencontré de gros buveurs de bière dont l'estomac est « aussi plat que la retraite des vieux » (c'est d'ailleurs le cas de la femme d'un de mes meilleurs amis).

Il n'est pas nécessaire d'avoir séjourné en Allemagne pour savoir quels sont les effets secondaires de la bière : ballonnement, prise de poids, mauvaise haleine, indigestion malgré la présence des diastases, petits enzymes dont le rôle est précisément d'aider la digestion. Disons tout simplement que, sans diastase, le résultat serait catastrophique.

La bière contient tout ce qui n'est pas bon, de l'alcool (en quantité certes modérée), du gaz, mais surtout une quantité importante d'un glucide : le maltose

(4 g par litre), dont l'index glycémique est à 110, c'est-à-dire encore plus élevé que celui du glucose. Par ailleurs l'association de l'alcool et du sucre favorise l'hypoglycémie à l'origine de fatigue, donc de sous-performances (voir chapitre sur l'hypoglycémie). C'est donc une boisson à haut pouvoir énergétique, en termes de constitution de graisses de réserve. Abandonnez donc la bière surtout, entre les repas. Si vraiment vous ne pouvez pas résister, faites comme avec les frites. Faites-vous plaisir une ou deux fois par an, en buvant une ou deux chopes de ce breuvage dans un des meilleurs Pubs de votre ville, mais soyez certain au moins d'avoir la qualité.

En Phase I, je vous recommanderai donc de supprimer définitivement la bière. En Phase II en revanche, au même titre que nous réintégrerons le vin en quantité raisonnable, vous pourrez, de temps à autre, boire un peu de bière au cours du repas (33 centilitres maximum).

LE VIN

J'ai gardé le vin pour la fin, car c'est la seule boisson alcoolisée pour laquelle mes réserves resteront nuancées.

Aucune distinction ne sera faite entre le vin blanc et le vin rouge si ce n'est que le vin rouge contient généralement plus de tanin. Le tanin recèle en effet des vertus thérapeutiques particulières dans la mesure où la procyanidine qu'il contient permettent de limiter la formation d'athérosclérose.

De là à dire que les vins riches en tanin contribuent, dans une certaine mesure, à prévenir les maladies cardio-vasculaires il n'y a qu'un pas que de nombreux scientifiques ont franchi, comme le professeur Masquelier.

En 1979, une très sérieuse enquête médicale réalisée en Angleterre et portant sur dix-huit pays a révélé que les taux de mortalité par infarctus du myocarde étaient particulièrement bas chez les populations consommant habituellement du vin (trois à cinq fois plus bas pour la France et l'Italie que pour l'Europe du Nord).

Le vin pourra donc faire partie de l'alimentation normale dans le cadre de la méthode, à condition toutefois de rester raisonnable (un demi-litre par jour environ) et de le boire le plus près possible de la fin du repas, c'est-à-dire une fois que l'estomac est déjà bien rempli de nourriture.

Dans la Phase I, c'est aussi bien de s'en priver dès lors que c'est possible. En Phase II, le vin pourra être consommé journellement sans préjudice pour le maintien du poids. L'ingestion de vin devra cependant être habilement gérée avec les autres prises de glucides, je pense notamment au chocolat ou aux desserts en général. Mais cela fera l'objet d'un paragraphe détaillé un peu plus loin.

Lorsque vous serez en Phase I, c'est-à-dire celle où l'on doit être très ferme, il vous sera peut-être difficile d'assister à un repas en famille ou avec des amis sans boire une goutte de vin. Car, si d'emblée vous annoncez que vous ne buvez pas, cela peut être gênant pour les autres.

Mon conseil est le suivant : laissez votre verre se remplir et prenez-le dans la main aussi souvent que si vous buviez normalement. Trempez les lèvres au lieu de boire.

J'ai pratiqué cette méthode pendant plusieurs semaines et croyez-moi, personne n'a jamais remarqué que je ne buvais rien.

De la même manière, personne n'a jamais remarqué que je ne mangeais pas une miette de pain. Pour faire illusion, j'entame toujours mon morceau de pain, mais il reste, rompu sur la table. Jamais je n'y « touche » réellement.

LE CAFÉ

Le vrai café bien fort, l'expresso à l'italienne dont la dose de caféine réveillerait un mort, est à proscrire. Buvez donc du décaféiné ou du café arabica léger qui contient beaucoup moins de caféine. On trouve, maintenant, pratiquement partout du décaféiné et il est généralement bon. Même chez soi, on peut faire du très bon décaféiné. Et les vrais amateurs de café ne s'en rendent pas compte.

Si vous êtes un grand buveur de café très fort, c'est sans doute parce que vous ressentez le besoin d'un excitant pour vous réveiller.

Si vous avez régulièrement ces coups de pompe et notamment vers onze heures du matin ou lors de la digestion dans le milieu de l'après-midi, c'est parce que vous faites de l'hypoglycémie (voir le chapitre qui lui est consacré).

La caféine est interdite car, bien que ce ne soit pas un glucide, elle a pour effet de stimuler le pancréas et de générer une sécrétion d'insuline. Si vous avez fait un repas sans mauvais glucide dont l'énergie excédentaire est sur le point d'être évacuée, il serait stupide de compromettre cette bonne situation en provoquant une sécrétion d'insuline « mobilisatrice », en buvant une tasse de café fort. Si vous êtes buveur de café, vous n'aurez aucun mal à passer au décaféiné dès que vous commencerez à appliquer la méthode. Peu de temps après, vous vous surprendrez même à oublier le besoin du café.

Il est important de souligner par ailleurs que les grands buveurs de café (avec ou sans caféine) s'exposent à un risque supplémentaire : l'augmentation de leur taux de cholestérol sanguin (voir chapitre sur l'hypercholestérolémie).

Attention aussi au thé, la théine a les mêmes effets que la caféine et de plus gêne l'absorption du fer !

LES LIMONADES ET LES SODAS

Ces boissons sont généralement préparées à partir d'extraits de fruits ou de plantes presque toujours synthétiques et ont toutes le même défaut majeur : elles contiennent beaucoup de sucre.

Elles sont donc condamnables et de ce fait, à exclure totalement, non seulement parce qu'elles se composent de beaucoup de sucre, mais aussi parce que le gaz artificiel qu'elles renferment a pour effet d'entraîner des irritations de l'estomac, des gastrites et de l'aérophagie.

Même s'ils sont faits à base d'extraits naturels, il faut se méfier des sodas qui peuvent être toxiques. On remarque en effet dans les extraits naturels d'agrumes des traces importantes de substances nocives comme les terpènes.

Quant aux pires d'entre eux, ceux à base de cola, ils devraient, soit être interdits, soit être signalés par une étiquette spéciale comme celle qui se trouve sur les paquets de cigarettes aux USA : « Ceci est un produit dangereux... »

Il est regrettable en tous cas que la consommation de colas ait pris l'extension qu'on lui connaît en Europe. Je laisse au Docteur Emile-Gaston Peeters le soin de vous faire ses commentaires sur la question [5].

« A l'heure actuelle, les boissons dites au cola présentées sur le marché européen contiennent, pour 19 cl (contenu moyen d'une petite bouteille) environ 21 mg de caféine et 102 mg d'acide phosphorique. La caféine possède des propriétés excitantes. L'acide phosphorique est intensément acidifiant et sa haute concentration en phosphore risque de déséquilibrer le rapport calcium/phosphore de l'alimentation, avec un danger grave de déficit dans la fixation osseuse du calcium. Enfin, il faudrait être certain que l'acide phosphorique utilisé ne contienne pas de traces trop tapageuses de métaux lourds toxiques. La conclusion est simple. Les boissons dites au cola doivent être, dans leur composition actuelle, *formellement déconseillées aux enfants et aux adolescents*. Elles ne sont bénéfiques pour personne ».

Je crois que cette déclaration se passe de commentaire.

---

5. *Le guide de la Diététique* publié par Marabout.

Que ce soit pour vos enfants ou pour vous-même, la ferme recommandation est la même : pas de limonade, pas de soda, pas de cola !

LE LAIT

Le lait entier est un aliment glucido-lipidique, c'est-à-dire qu'il comporte à la fois des graisses et des glucides. Il vaut mieux donc l'éviter et ne prendre que du lait écrémé.

C'est dans le petit lait qu'il y a des glucides qui sont abandonnés au moment de la fabrication du fromage, celui-ci ne conservant que les lipides et les protides (sauf pour le cantal et les fromages de chèvre).

Dans le fromage blanc à 0 % de matière grasse, il ne reste que les protides et un peu de glucides (5 g pour 100 g).

LES JUS DE FRUITS

Je ne m'étendrai pas sur le problème que constitue cette boisson car les commentaires généraux sur les fruits sont valables, on s'en doute, pour les jus de fruits. Ce sont des glucides et il faut les traiter comme tels.

Je vous recommande cependant de privilégier le fruit au jus de fruit pour garder ainsi le bienfait des fibres que contient la pulpe. Bien évidemment seuls les jus de fruits que vous ferez vous-même à partir de fruits frais sont acceptables. Ne consommez jamais les pseudos jus de fruits du commerce, complètement dépourvus de vitamines trop acides et dans lesquels on rajoute systématiquement du sucre.

MISE EN PRATIQUE
DE LA PHASE I

PERTE DE POIDS

La Phase I de notre méthode n'est pas forcément la plus difficile car il suffira d'une manière générale de supprimer carrément certaines choses. Mais pour réussir vraiment il faudra cependant avoir parfaitement assimilé les *éléments basiques du système*.

Et si j'en crois mon expérience, c'est certainement à ce niveau-là que l'on peut rencontrer quelques ratés.

Loin de moi l'idée de mettre en cause vos capacités intellectuelles à intégrer un nouveau concept. Mais dans le cas qui nous intéresse ici, il faut évacuer préalablement les idées reçues qui sont d'autant plus anciennes dans notre subconscient qu'elles relèvent quasiment de notre « culture ». Les idées pourtant simples, qui sont exposées ici et dont le fondement scientifique est le fait de médecins et de chercheurs [6], n'ont malheureusement pas encore dépassé les murs de certaines « officines ». Il ne faut donc pas compter sur votre entourage pour vous aider dans votre entreprise.

Il faudra, par exemple, comprendre que, si vous faites un repas protido-lipidique (contenant de la viande ou du poisson accompagné de légumes), vous pourrez si vous le désirez manger raisonnablement

------

6. Voir bibliographie.

90

de la crème fraîche [7] sans pour autant en abuser, sans préjudice aucun pour le respect des nouvelles règles alimentaires que vous suivez.

En revanche, si vous voulez manger du fromage blanc au cours d'un repas à base de glucides, le seul fromage qui vous sera autorisé est celui à 0 % de matière grasse.

Voici donc ci-dessous en quelque sorte un guide pour la mise en pratique de la Phase I.

LE PETIT DÉJEUNER

Petit déjeuner n° 1 :

C'est un petit déjeuner *glucidique*.

— *Fruit* (à prendre au moins vingt minutes avant le reste),
— *céréales complètes*,
— *pain complet ou intégral*,
— *fromage blanc à 0 %* de matière grasse,
— *café décaféiné* ou thé léger,
— *lait écrémé*,
— *édulcorant de synthèse* (au besoin).

La caractéristique de ce petit déjeuner, est qu'il est constitué d'une base de bons glucides, c'est-à-dire à libération modérée de glucose et surtout qu'il ne comporte *aucun* lipide.

Il comporte donc successivement :

FRUIT : Cela peut être n'importe quel fruit. Personnellement, je recommanderai, plutôt une orange.

---

7. Ceci n'est valable que dans l'hypothèse où votre taux de cholestérol est normal (voir Chapitre II et Chapitre VIII), une crème fraîche allégée pourra très bien faire l'affaire.

deux mandarines ou un kiwi, car à jeun l'absorption de la vitamine C est très efficace.

Si c'est une pomme, mangez-là très lentement avec la peau.

La banane, trop riche en glucide, ne présente ici aucun intérêt.

Respectez bien vingt minutes ou plus de délai entre l'ingestion à jeun de ce fruit et le début du petit déjeuner proprement dit. Ma recommandation est de manger le fruit au réveil, de se préparer ensuite et de n'absorber le reste du petit déjeuner qu'une fois habillé, ce qui vous aura pris même si vous êtes très rapide au moins une demi-heure.

Prendre un fruit au petit déjeuner dans la Phase I n'est pas une obligation ni une condition de réussite. C'est optionnel. Si vous ne mangez jamais de fruit, ce qui est somme toute regrettable, n'en prenez pas systématiquement parce que je le mentionne ici. En revanche, pour ceux qui en mangeaient tous les jours et qui seraient très frustrés de s'en passer complètement, j'ai indiqué, plus haut, que le matin à jeun, était un des rares moments autorisés pour en manger. Vous pouvez d'ailleurs si cela vous convient faire un petit déjeuner composé exclusivement de fruits. Si vous choisissez le petit déjeuner n° 2 qui est protido-lipidique, vous ne pourrez manger de fruit préalablement que si vous respectez un délai d'au moins une heure.

PAIN COMPLET : Achetez du pain complet chez votre boulanger. Ils en font généralement tous, mais il est plus ou moins bien fait, car trop souvent il n'est fabriqué qu'à partir d'un mélange de farines, dans lequel la farine complète ne représente guère que 25 à 30 %. Pour reconnaître sa qualité, vérifiez que sa texture est relativement grossière. Méfiez-vous du pain complet qui n'en a que le nom ou la couleur. L'idéal est de consommer du pain complet « intégral », c'est-à-dire comportant la totalité des composants du grain de blé (100 % de ses fibres), ce qui en fait un bon glucide à index glycémique très bas. Les pains allemands ou suédois ont généralement ces caractéristiques, mais méfiez-vous car ils comportent aussi très souvent des adjonctions de sucres ou de graisses.

Le pain complet s'imbibe plus rapidement des liquides de l'estomac. Vous aurez donc plus vite la sensation d'être rassasié. Comme nous ne mesurerons jamais la quantité, je serais tenté de dire que vous pouvez manger ce que vous voulez. En réalité, je me contenterais de dire pour le pain : mangez-en « raisonnablement ».

Vous pouvez par ailleurs consommer des petits pains grillés (souvent d'origine suédoise), ainsi que des crakers fabriqués à partir de farines complètes. Il en existe plusieurs marques mais il importe, avant d'en choisir une, de bien vérifier qu'ils ne comportent ni sucres, ni graisses.

De la même façon, si vous prenez des biscottes ne choisissez que celles qui sont faites avec des farines complètes intégrales et qui ne contiennent ni sucres ni graisses, ce qui est particulièrement rare.

Mais que va-t-on mettre sur son pain ? Il est en effet exclu en Phase I d'y mettre du beurre ou de la margarine, contrairement à ce que nous pourrons faire en Phase II. Exclu d'autre part d'y mettre du miel ou de la confiture. Miel et confiture sont des mauvais glucides à très haute concentration de sucre. Il faut donc les exclure *à jamais*.

Je vous propose donc de mettre du fromage blanc à 0 % de matière grasse sur votre tartine de pain. Si le mélange vous paraît un peu fade, vous pouvez saupoudrer votre fromage avec un édulcorant en poudre, mais n'en mettez que très peu car son pouvoir sucrant est très élevé, ou encore, si vous le préférez, avec du sel.

Mais vous pouvez choisir de consommer des céréales à votre petit déjeuner. Pour cela il faudra là encore ne privilégier que celles qui sont brutes et qui ne contiennent aucun ajout indésirable, tel que sucres, graisses, caramel, miel... Vérifiez bien leur composition qui doit être mentionnée sur la boîte. Mais dans tous les cas il conviendra d'exclure tout ce qui est à base de riz et de maïs.

LE CAFÉ DÉCAFÉINÉ OU LE THÉ LÉGER [8] : Je ne reviendrai pas ici sur la nécessité impérative de ne pas boire de café fort. En revanche, si votre café est léger, il pourra faire l'affaire. Mais si vous pouviez vous habituer au décaféiné, mélangé éventuellement à de la chicorée, (« c'est excellent pour la santé »), ce serait encore mieux. Si vous prenez du thé, faites en sorte qu'il ne soit pas trop fort. Le thé lui aussi contient de la caféine.

---

8. Si vous choisissez de prendre du chocolat vérifiez bien que la poudre cacaotée ne contient pas de sucre.

LAIT ÉCRÉMÉ : Si vous mettez du lait dans votre café ou dans votre thé prenez exclusivement du lait écrémé. Même le lait demi-écrémé est à prohiber car il contient des lipides. Le mieux est de prendre du lait écrémé en poudre car on peut ainsi réaliser un mélange plus concentré.

Naturellement vous ne prendrez pas de sucre ordinaire (vous l'avez déjà complètement chassé de votre esprit). Employez un édulcorant de synthèse.

Petit déjeuner n° 2

Le petit déjeuner n° 2 de la Phase I est salé (protido-lipidique) c'est-à-dire qu'il ne comportera aucun glucide « bon » ou « mauvais ». C'est celui que je vous recommande lorsque vous êtes à l'hôtel car le n° 1 n'est pas toujours facile à pratiquer à l'extérieur [9].

Le petit déjeuner n° 2 comporte au choix donc :
— *œufs,*
— *bacon, saucisses et/ou jambon,*
— *fromage,*
— *café décaféiné,* café léger ou thé léger,
— *crème ou lait* (de préférence crème),
— *édulcorant de synthèse* (au besoin).

C'est en quelque sorte un petit déjeuner anglo-saxon, à la seule différence qu'il n'y a *ni toast, ni céréale, ni confiture,* ni sucre bien entendu.

---

9. Dans l'hypothèse où vous auriez une hypercholestérolémie, ce petit déjeuner n'est pas recommandé. Pour ceux qui n'ont aucun problème de cette nature, il est nécessaire de bien équilibrer leur consommation de lipides. Voir Chapitre II et Chapitre VIII.

L'exclusion de tout glucide dans ce petit déjeuner est *capitale.*

LE DÉJEUNER

Le déjeuner, qu'il ait lieu à la maison ou en dehors, sera toujours protido-lipidique ce qui ne veut pas dire pour autant qu'il doive comporter une quantité importante de graisse (voir chapitre II les « bons » et les « mauvais » lipides). Je vais vous donner quelques exemples pour être certain que vous ne fassiez aucune erreur. Mais je vous recommande surtout de consulter la liste des aliments ne comportant pas de glucide (voir Annexe n° 1). Je vous conseille d'en faire au début une photocopie et de l'avoir en permanence avec vous. Mais très rapidement vous la connaîtrez par cœur.

Le menu type de déjeuner sera la suivant :

— crudités,
— poisson et/ou viande,
— légumes autorisés (voir liste),
— salade,
— fromage,
— boisson : eau non gazeuse.

Entrées

Toutes les salades sont autorisées pour autant que l'une de ses composantes ne soit pas un glucide. C'est le cas généralement lorsque vous commandez une salade niçoise. Prenez donc la précaution, avant de commander quoi que ce soit, de bien vérifier qu'il n'y aura *ni pomme de terre, ni maïs, ni carotte, ni betterave.*

Evitez d'autre part (dans la Phase I uniquement) les aliments glucido-lipidiques comme les noix. Si vous êtes au restaurant, ne commandez donc pas de salade au noix, mais plutôt une salade aux petits lardons. Attention cependant, il faudra en commandant votre salade aux lardons bien préciser : *sans croûtons !* car dans de nombreux cas, les restaurateurs ont la fâcheuse manie d'en ajouter.

Soyez vigilant ! Ne commencez pas à tolérer ces « petites erreurs » qui sont en fait énormes, eu égard à l'objectif que vous poursuivez. Montrez-vous exigeant avec le serveur du restaurant. Si vous avez précisé « sans croûtons » ou « sans maïs », ne soyez pas complaisant en acceptant « pour cette fois » parce qu'il est débordé.

Si vous voulez que le maître d'hôtel ou le serveur vous prenne au sérieux, il faut être convaincant en insistant sur le fait *qu'il est absolument exclu que vous trouviez la moindre trace de ce que vous ne désirez pas dans ce qu'on va vous servir.*

Personnellement, j'ai trouvé que la meilleure façon de se faire respecter sur ce plan est de dire que l'on est allergique. Cela marche à tous les coups. Tant que vous trouverez dans votre salade, des haricots verts, des poireaux, des artichauts, du chou, du chou-fleur, des tomates, des endives, des asperges, des champignons, des radis, du fromage ou de la charcuterie, mangez-en autant que vous voudrez. A exclure de cette liste de hors-d'œuvre : la salade de betterave rouge car elle contient du sucre, mais aussi les carottes.

En ce qui concerne les œufs, il n'y a comme vous le savez aucune restriction même avec de la mayonnaise [10]. Et oui ! la mayonnaise comme la crème fraîche sont autorisées au cours de repas protido-lipidiques. Mais ce n'est pas une raison pour en faire une orgie. Si vous aimez cela, mangez-en donc normalement. Mais si vous avez tendance à avoir du cholestérol il vaut mieux les éviter (voir Chapitre II et Chapitre VIII).

Comme entrées, vous pouvez prendre aussi du thon, des sardines à l'huile, du crabe, des langoustines, du saumon, qu'il soit fumé ou mariné. Evitez cependant dans la Phase I de prendre des *huîtres, des coquilles St. Jacques* ou du *foie gras*. Ils comportent tous les trois un peu de glucide et risquent donc, sans les compromettre, de ralentir vos efforts. Rassurez-vous, vous pourrez en faire usage à volonté dans la Phase II.

Plat principal

Le plat principal sera essentiellement composé de viande ou de poisson. Il n'y a aucune restriction dans ce domaine, si ce n'est dans la préparation, bien qu'il soit souhaitable que vous privilégiez davantage le poisson dans votre choix.

La viande et le poisson ne devront *pas être panés*. La chapelure est un glucide. Le poisson de la même façon ne devra pas être roulé préalablement dans la

---

10. Si c'est de la mayonnaise en tube ou en pot, vérifiez-en la composition. La probabilité pour qu'elle contienne du sucre, du glucose ou de la farine quelconque est assez forte.

farine. Méfiez-vous donc des soles meunières. Demandez toujours votre poisson *grillé*.

Evitez par ailleurs les graisses de cuisson « saturées » par la chaleur, pas toujours faciles à digérer, mais surtout mauvaises en ce qui concerne le cholestérol.

Attention aux sauces ! Si vous êtes un adepte de la « nouvelle cuisine », les sauces sont généralement très légères, dans la mesure où elles ne contiennent pas de farine. La plupart du temps, la sauce est le résultat d'un déglaçage du plat de cuisson avec de la crème fraîche allégée.

Si vous mangez de la viande, vous pouvez éventuellement prendre de la béarnaise [11] si vous aimez cela et si vous n'avez pas de problème avec votre cholestérol. Mais *évitez la moutarde dans la phase I*. La moutarde est faite à partir de la farine de la plante du même nom. C'est un glucide. En petite quantité elle n'est pas très gênante. C'est pourquoi nous la réintègrerons dans la Phase II.

En ce qui concerne les accompagnements, vous choisirez en priorité les légumes à fibres qui seront disponibles. De la tomate à la courgette en passant par le haricot vert, l'aubergine ou le chou-fleur, vous aurez l'embarras du choix. Consultez la liste en annexe de manière à tous les connaître car ils sont nombreux.

Comme je vous l'ai conseillé par ailleurs, s'il n'y a rien d'autre de disponible lorsque vous êtes au restaurant, mangez tout simplement de la salade, laitue, mâche, frisée, scarole ou pissenlit. Vous pouvez d'ail-

---

11. Vérifiez-en la composition. Si vous êtes au restaurant, il y a des chances pour qu'elle soit naturelle, sans sucre et autre adjuvant indésirable.

leurs en manger autant que vous voulez, en entrée, en plat principal, et avant ou avec le fromage.

Le fromage

Vous devez désormais vous habituer à manger le fromage *sans pain*. Ce n'est pas impossible du tout et vous verrez ensuite qu'on le déguste beaucoup mieux. Vous l'apprécierez d'ailleurs d'autant mieux que vous pourrez très bientôt l'accompagner de vin.

De toute manière, si l'on est bien élevé, le fromage se mange exclusivement avec un couteau et une fourchette. Il n'y a donc déjà pas de place pour le pain, comme support en tout cas. Au cas où cela vous gênerait beaucoup, essayez de le manger avec la salade. Autre technique, utilisez le gruyère ou le comté comme support aux autres fromages.

En Phase I, à peu près tous les fromages seront autorisés. Nous ferons cependant quelques réserves pour le cantal et les fromages de chèvre qui contiennent un peu de glucide. Il vaut donc mieux les éviter dans un premier temps.

Les desserts

Certains desserts peuvent être réalisés avec des édulcorants, dans la mesure où ils ne nécessitent pas une cuisson importante, comme, par exemple, les flans, la crème anglaise ou les œufs à la neige.

Boissons

Dans la Phase I, nous avons déjà dit qu'il fallait éviter toute boisson alcoolisée y compris le vin. Buvez donc de l'eau, du thé ou des tisanes si vous aimez cela. Mais évitez les eaux gazeuses car elles font gonfler et perturbent la digestion.

De toute manière, je vous recommande de ne boire que très peu au cours des repas, car vous risquez de noyer vos sucs gastriques, ce qui tend à perturber la digestion. En tout cas, si vous devez boire, commencez uniquement à partir de la deuxième moitié du repas. Ne buvez pas en vous mettant à table. C'est une déplorable habitude que trop de nos concitoyens ont prise. Et cette habitude est responsable d'une partie des troubles du métabolisme qu'ils rencontrent ensuite au cours de la digestion. *Buvez plutôt entre les repas* (un litre d'eau au minimum).

Si vous faites de gros repas pendant la Phase I, je vous rappelle que vous devez vous soustraire à l'apéritif alcoolisé. Prenez un jus de tomate. Si vous devez absolument accepter une boisson alcoolisée (un kir, par exemple, a été préparé pour tout le monde), acceptez-le, mais ne le buvez pas. Trempez vos lèvres de temps en temps dedans pour « participer », mais ne le consommez pas. A n'importe quel moment, vous pourrez ensuite « l'oublier » quelque part sans que personne ne s'en rende compte. Dans certaines circonstances, il sera peut-être plus difficile de vous en débarrasser. Faites alors preuve d'imagination. Mettez-le à la portée de ces gros buveurs qui s'arrangent toujours distraitement pour s'emparer du verre des autres, particulièrement lorsque celui-ci est plein. Si cette espèce n'existe pas dans votre entourage immédiat, ce qui m'étonnerait, car il s'en trouve partout, il vous reste la ressource des pots de fleurs, du seau à champagne, de la fenêtre, si c'est en été, ou du lavabo des toilettes.

Si vous êtes en Phase I au cours d'une réception voici quelques conseils :
Acceptez le verre de champagne qu'on vous glisse dans la main. Gardez-le à la main un certain temps. Trempez-y les lèvres de temps en temps si vous avez le courage de ne pas le boire. Reposez-le ensuite discrètement.

La nourriture servie lors d'une réception, constitue en revanche un véritable problème. Mais il n'y a pas de problème sans solution.

Il est hors de question que vous mangiez des sandwiches, aussi petits soient-ils. En revanche, ce qu'il y a sur les sandwiches est bon pour vous : tranche de saumon, saucisson, rondelle d'œuf, asperge, etc. Si vous êtes assez astucieux pour séparer la partie supérieure du socle de pain, bravo ! Rien n'est impossible quand on est motivé. Mais il existe toujours dans une réception des choses tout à fait en accord avec nos règles alimentaires.

Cherchez le fromage ! Il y toujours du fromage sous une forme ou sous une autre. Notamment sous forme de petits cubes. *Cherchez aussi la saucisse !* Je serais très surpris qu'il n'y en ait pas. La petite saucisse de cocktail fait toujours partie de la cérémonie. Profitez-en pour en manger autant que vous voulez dans la mesure où vous avez la conviction qu'elles ne sont pas faites à base de farine. Mais *attention* à la moutarde !

Si vous pensez faire partie de ces gens qui ne peuvent pas résister devant un étalage de nourriture, si vous pensez que vous allez inéluctablement succomber parce que, lorsque vous avez faim, vous ne pouvez pas vous dominer, voici une solution : avant d'aller à votre réception, grignotez quelque chose de permis pour vous « caler » l'estomac.

Au milieu du XIXᵉ siècle, mon aïeul (arrière-arrière-grand-père) qui avait six enfants, était une fois par an invité à déjeuner avec sa famille chez le directeur de la compagnie pour laquelle il travaillait. Mon arrière-arrière-grand-mère, m'a-t-on rapporté prenait bien soin ce jour-là de faire manger préalablement à ses six enfants une épaisse soupe. Avec l'estomac bien « calé », les charmants bambins montraient ainsi un enthousiasme beaucoup moins excessif pour consommer les plats exceptionnels qu'on ne leur servait jamais à la maison. Mes aïeuls avaient ainsi rapidement acquis la réputation d'avoir des enfants extrêmement bien élevés.

Si vous avez peur de ne pas résister, mangez avant d'aller à votre réception un ou deux œufs durs ou un morceau de fromage. Prenez d'ailleurs toujours l'habitude d'avoir avec vous des petits fromages du genre « Babybel » ou « Vache qui rit » [12].

Si vous avez un « petit creux » à n'importe quel moment de la journée, vous pouvez en user et même en abuser. D'une manière générale, dans ces moments-là vous pouvez manger n'importe quoi parmi la liste des aliments permis. Attention simple-

---

12. Une fois encore, ces recommandations ne valent que pour ceux qui n'ont pas de problèmes de cholestérol. Pour ceux qui souffriraient d'hypercholestérolémie, il vaudra mieux privilégier les fibres, en mangeant des pommes ou des kiwis.

ment à ne pas ingérer trop de lipides après avoir fait un repas glucidique. Ne mangez pas, par exemple, un morceau de gruyère à 9 h du matin, si vous avez pris votre petit déjeuner à 8 h seulement.

Dans l'hypothèse, où vous seriez invité chez des amis, la situation est, par définition, plus difficile dans la mesure où votre marge de manœuvre sera considérablement réduite.

Examinons la situation sous tous ses angles. Ces amis sont peut-être des gens que vous connaissez bien. Il s'agit même peut-être de membres de votre famille. Alors profitez de la liberté que vous avez avec eux pour leur « annoncer discrètement la couleur ». Demandez préalablement ce qu'il y aura à manger et n'ayez aucune crainte à faire des suggestions.

Dans l'hypothèse où vous auriez très peu d'intimité avec vos hôtes, il vous faudra aviser au dernier moment et improviser. Si cette invitation a un caractère « exceptionnel », le niveau du repas sera en rapport. Je serais donc surpris que l'on vous serve en priorité du riz, des pâtes ou des pommes de terre.

S'il y a du foie gras, mangez-le, bien qu'il ne soit pas recommandé en Phase I comme un aliment que l'on peut prendre à volonté. Une fois de temps en temps cela n'a aucune espèce d'importance. Mais de grâce *ne mangez pas le toast que l'on vous sert avec.* Personne ne vous y oblige. Pas même la bienséance.

Si l'on vous sert un magnifique soufflet au fromage, mangez-en comme tout le monde, bien qu'il contienne de la farine. Mais sous prétexte que vous êtes « dans le rouge », ne vous laissez pas aller. N'aggravez pas la situation en acceptant d'en reprendre trois fois.

Si l'entrée est un pâté en croûte, mangez l'intérieur qui est généralement un protide-lipide et laissez le reste discrètement dans un coin de votre assiette. Dans la mesure où vous n'êtes pas en compagnie de familiers, personne n'aura l'impolitesse de vous faire remarquer : « tiens vous laissez le meilleur » ! Même si elle se pose la question intérieurement, la maîtresse de maison se gardera bien de vous demander pourquoi « vous n'avez pas aimé sa croûte ».

En ce qui concerne le plat principal, vous n'aurez, je pense, aucun problème car les accompagnements sont généralement discrétionnaires. Vous pouvez prendre symboliquement un peu de riz ou de pâtes fraîches, mais personne ne vous oblige à les manger.

Si après cela vous continuez à mourir de faim, rattrapez-vous sur la salade et surtout sur le fromage. Si vous prenez beaucoup de fromage, la maîtresse de maison appréciera et vous pardonnera plus facilement d'avoir laissé la croûte de son pâté. Pour qu'un plateau de fromage soit beau, il faut qu'il soit bien garni, avec une grande variété d'espèces. Les invités n'en prennent généralement pas beaucoup car, après tout le pain qu'ils ont mangé, ils n'ont plus de place pour le fromage. Faites donc honneur au plateau !

Le moment critique est évidemment celui du dessert, car il est toujours difficile de dire, « non merci je n'en veux pas ». Insistez alors pour n'avoir qu'un *tout petit morceau* et faites comme ceux qui n'ont plus faim, laissez-en une bonne partie dans votre assiette.

Enfin, attendez le plus longtemps possible pour commencer à boire. Buvez le vin rouge en priorité, particulièrement avec le fromage.

Mais si la situation a été pire que ce à quoi vous vous attendiez, si vous n'avez absolument pas pu faire preuve d'imagination pour échapper à l'agression des mauvais glucides, alors que vous êtes au beau milieu d'une Phase I, il ne vous reste plus qu'à être encore plus vigilant à l'avenir dans la mise en œuvre de vos nouveaux principes alimentaires.

Il vous faut savoir qu'en Phase I vous restez encore très sensible au glucose. La procédure consiste à faire élever votre seuil de tolérance, mais tant que celui-ci n'a pas atteint un bon niveau *vous restez d'une grande sensibilité.*

Et il est bien évident que si, du jour au lendemain, vous apportez à votre organisme une grande quantité de mauvais glucides, après l'en avoir privé complètement pendant quelque temps, il va s'en donner à cœur joie. Et vous allez donc en une soirée capitaliser en graisses de réserve ce que vous aviez perdu en une ou deux semaines.

Plus loin vous en serez dans la Phase I (qui doit s'étaler au moins sur deux ou trois mois), moins la reprise de poids sera catastrophique.

En revanche, si vous faites un « gros excès » deux ou trois semaines après avoir commencé votre Phase I, vous risquez de revenir subitement à un niveau très proche de celui où vous étiez lorsque vous avez commencé. Cela peut être complètement décourageant. Dites-vous cependant, comme en d'autres circonstances, qu'une bataille de perdue ne compromet pas pour autant vos chances de gagner la guerre.

LE DÎNER

Le dîner sera, soit protido-lipidique, soit à base de
« bons glucides ».

Dîner n° 1 :

S'il est protido-lipidique, le dîner ressemblera
comme un frère au déjeuner. La différence viendra
certainement du fait que la plupart du temps ce repas
sera pris à la maison. Et chez soi, le choix est toujours
plus limité. Mais si vous avez su convaincre votre
entourage familial et donner les recommandations
qui conviennent, vous devriez n'avoir aucune difficulté. L'idéal serait de commencer le repas du soir
par une grosse soupe de légumes épaisse. Dans cette
soupe on pourra mettre des navets, des poireaux, du
céleri, du chou, etc. Elle sera composée exclusivement
des légumes figurant dans l'annexe n° I. Attention, la
cuisinière risque d'être tentée d'y mettre une pomme
de terre. Car pour elle une soupe de légumes sans
pomme de terre, cela ne peut pas exister. La pomme
de terre a, en effet, le pouvoir de lier la soupe. Le
céleri pourra jouer ce rôle. Il y a un autre moyen de
bien lier la soupe de légumes, c'est de rajouter un
jaune d'œuf ou quelques champignons de Paris
passés au mixer et réduits en purée.
Pour relever le goût, vous pouvez mettre dans votre
soupe de légumes, en la servant, une noix de beurre
ou une petite cuillère de crème fraîche, sauf naturellement si votre cholestérol est sous haute surveillance.

Vous pouvez, si vous le désirez, manger n'importe quelle viande au dîner. La recommandation que l'on fait aux personnes âgées de ne pas en manger le soir, vient du fait que l'élimination des toxines de la viande est toujours plus difficile lorsqu'il y a eu, au cours du même repas, ingestion de glucides. La digestion et donc le sommeil risquent ainsi d'être perturbés.

Chez les plus jeunes, les toxines, mobilisées avec le concours des glucides, s'évacuent plus facilement du fait de l'importance de l'activité physique. Voilà une raison supplémentaire pour le sédentaire que vous êtes certainement, de ne pas mélanger les glucides avec la viande, même si vous avez peu de kilos à perdre.

En dehors de la viande, il y a les œufs que l'on peut accommoder de différentes manières. Mangez des omelettes avec de la salade. C'est délicieux !

Mais le soir, préférez le poisson, c'est plus léger et cela contribuera à vous protéger sur le plan vasculaire.

Dans la rubrique fromage, en dehors du fait qu'il n'y a pas de limitation, profitez du fait que vous êtes à la maison pour manger des yogourts. Le yogourt est excellent pour la digestion car il comporte des éléments qui reconstituent la flore intestinale. Mais attention ! Ne mangez que de bons yogourts, sans parfums ni fruits. Et vérifiez que le ferment lactique est naturel. Vous serez sûr de ne pas vous tromper en achetant les yogourts fermiers ou au bifidus [13].

Si vous mangez chez vous, profitez-en, en tout cas, pour manger des choses permises, simples que vous

---

13. Le yogourt est cependant un mélange glucido-lipidique. Il n'est donc pas conseillé d'en manger plus d'un à chaque repas.

aimez. Comme le pot au feu. Mangez des choses que vous ne trouvez jamais au restaurant comme les artichauts bouillis. C'est délicieux, plein de vitamines et de sels minéraux, et les artichauts comportent beaucoup de fibres, ce qui aide considérablement au transit intestinal et fait baisser la glycémie. N'oubliez surtout pas de manger des légumes, tomates, épinards, endives, aubergines, choux-fleurs, poireaux, courgettes, champignons.

Dîner n° 2 :

Le dîner n° 2 sera glucidique.

En dehors des aliments qui sont interdits dans tous les cas de figure (le sucre, les pommes de terre, etc.), il faudra impérativement éviter de manger des lipides avec un repas de glucides.

Pas de lipides, cela veut dire pas de viande, pas de poisson, pas d'huile, pas de beurre, pas d'œuf, pas de fromage, sauf du fromage blanc à 0 %, comme celui que vous utilisez au petit-déjeuner.

Il reste donc tous les légumes verts et le riz complet, les haricots et les lentilles. Mais attention : pas de beurre, margarines, huiles ou autres graisses de viande. On pourrait encore inclure dans cette liste, les pâtes faites à partir de farine non raffinée, mais elles sont relativement difficiles à trouver. Si vous avez malgré tout cette chance, il faudra impérativement vérifier qu'elles ne comportent aucune matière grasse dans leur composition. Lorsque vous les mangerez sans beurre ni fromage, je vous encourage pour éviter la dépression, à utiliser une sauce au basilic ou un coulis de tomates recommandé pour le riz complet (voir le riz, Chapitre IV, rubrique des féculents).

Voici pour terminer une idée de repas n° 2.

- *Soupe de légumes* (sans beurre ni crème fraîche),
- *riz complet sauce tomate,*
- *salade,*
- *fromage blanc à 0 %.*

Je vous ai donné l'exemple de ce repas glucidique pour être le plus exhaustif possible. Je le recommande uniquement aux puristes qui sont certains de ne faire aucune erreur. Si vous faites la moindre erreur, tout est compromis.

Je vous recommande donc plutôt de faire au dîner comme au déjeuner un repas protido-lipidique à base d'œufs, de viandes peu grasses, comme la volaille, ou de poissons, accompagnés des nombreux légumes autorisés.

PIQUE-NIQUE

Il vous arrive certainement quelquefois pour diverses raisons de ne pas avoir le temps de manger. Généralement, c'est le déjeuner que l'on est tenté d'occulter, et pour se simplifier la vie, de deux choses l'une, ou bien l'on saute le repas, ou bien l'on se contente d'avaler rapidement un sandwich.

Ne sautez jamais un repas. C'est une des règles d'or de la diététique. A la limite, mangez quatre ou cinq fois par jour si cela vous fait plaisir, mais ne sautez jamais un des trois principaux repas. C'est la plus grosse erreur que l'on puisse faire. C'est le meilleur moyen de déstabiliser tout son métabolisme. Interdisez-vous une telle pratique et déconsidérez ceux qui le font. Si vous le faites, sachez que votre organisme se retrouve dans la situation du chien que l'on nourrit irrégulièrement, il fait des réserves dès qu'il reçoit quelque chose à se « mettre sous la dent ».

Au stade où nous en sommes, vous avez, j'en suis persuadé, définitivement chassé de votre esprit le sandwich jambon-beurre de votre bistrot préféré, comme l'infâme petit pain rond au « burger » haché. je vous dirai en conclusion de ce livre tout le mal que je pense des déplorables habitudes alimentaires qui nous viennent directement du pays que l'on pense être le plus civilisé du monde, bien que l'admiration et l'estime que l'on puisse lui porter, soient sur certains points (qui n'ont rien à voir ni avec la gastronomie ni avec la diététique) tout à fait fondées. Par quoi allons-nous remplacer tout cela ? Il suffit de faire preuve d'imagination avec ce que vous savez maintenant.

Voici pêle-mêle tout ce que vous pouvez acheter de commode pour faire une dînette sur le lieu de travail ou même vous alimenter pendant un voyage, quelles qu'en soient les conditions :

– *jambon* [14] (blanc ou de pays) : je recommande le Parme car il est toujours coupé en très fines tranches qui peuvent être mangées sans fourchette ni couteau ;

– *saucisson* [14] : mais il vous faudra un couteau. Un coupe-papier peut peut-être faire l'affaire ;

toutes les charcuteries, mais aussi dans les bistrots ;

---

14. A déconseiller en cas d'hypercholestérolémie. En remplacement achetez plutôt du saumon fumé, ou des bâtonnets de crabe.

— *tomates* : si vous prenez la précaution d'avoir en permanence à portée de la main des mouchoirs en papier, la tomate est idéale. Elle peut, en effet, se manger comme un fruit ;

— *fromages* : tous peuvent faire l'affaire, mais comme nous devons, dans cette rubrique, rester avant tout *pratique*, j'excluerai d'office tous les bries, camemberts et autres pont-l'évêque, dont les manifestations spontanées de sympathie risquent fort de ne pas être appréciées de vos proches voisins, surtout si vous êtes dans le train. Faites donc votre sélection parmi les gruyères, comtés, « Babybel » et « Vache qui rit ».

Mais si vous êtes complètement à jeun, vous pourrez, comme je vous l'ai déjà signalé, faire pour votre pique-nique un repas de fruits. Mangez-en autant que vous voulez jusqu'à satiété. L'ennui avec les fruits, c'est qu'ils se digèrent rapidement. Vous pouvez donc vous retrouver, quelques deux heures plus tard, avec une « petite faim » qu'il sera facile de combler avec une pomme, par exemple. Même en cas de détresse, n'ayez jamais recours aux mauvais glucides interdits, tels que les petits gâteaux secs et encore moins, naturellement, aux barres pseudo-chocolatées et autres coupe-faim.

Nous arrivons maintenant au terme de la Phase I.

Si avant l'adoption de ces principes alimentaires, vous mangiez normalement du sucre ou que vous étiez un grand amateur de friandises ou de gâteaux, vous pourrez perdre de deux à trois kilos, dès la première semaine. Ne vous arrêtez surtout pas à ce moment-là, sinon vous auriez toutes les chances de reprendre en deux jours ce que vous avez perdu en huit.

Après cette première période, l'amaigrissement deviendra plus progressif et, dans la mesure où vous appliquerez scrupuleusement mes recommandations, la perte de poids sera régulière.

Cette perte de poids devrait donc suivre un rythme soutenu, bien qu'elle soit de nature tout à fait individuelle, comme nous avons eu l'occasion de le préciser un peu plus haut.

L'expérience montre que les résultats sont obtenus plus facilement chez les hommes que chez les femmes, sauf peut être chez les hyperanxieux ou chez ceux qui suivent des traitements médicaux particuliers (certains médicaments favorisent en effet la prise de poids). Les femmes font, quant à elles, beaucoup plus de rétention d'eau (au moment des règles, en réaction au stress ou à des problèmes affectifs), ce qui peut sur une période courte d'une semaine perturber les calculs. Mais cela ne veut pas dire pour autant que l'on parviendra à de moins bons résultats, au contraire.

On a pu remarquer que certains sujets féminins avaient parfois plus de difficultés que d'autres à obtenir des résultats.

Quatre causes possibles ont pu être identifiées :

— l'anxiété qui stimule anormalement la sécrétion d'insuline ;

— les dérèglements hormonaux au moment de l'adolescence et de la ménopause ;

— les problèmes tyroïdiens, assez rares, d'ailleurs ;

— on peut aussi rencontrer des organismes féminins qui opposent une certaine forme de résistance, tout au moins au début, du fait des multiples privations dont ils ont pu être victimes à la suite de régimes hypocaloriques, abusifs et successifs.

Si vous aviez préalablement quelques problèmes avec votre taux de cholestérol, il n'y aura désormais plus de raison d'avoir la moindre crainte. Car dans la mesure où vous saurez faire une gestion intelligente de votre consommation de lipides vous devriez, à très court terme, vous débarrassez rapidement de ce souci.

Fuyez les graisses, nous mangeons trop gras, mais surtout, évitez les graisses saturées qui augmentent votre cholestérolémie, et choisissez les graisses qui font baisser le mauvais cholestérol, comme celles qui font augmenter le bon.

Ces notions sont définitivement admises par tous les spécialistes du monde et les publications scientifiques dans ce domaine sont impressionnantes (voir Chapitre VIII sur l'hypercholestérolémie).

Bien que cela soit improbable, il se pourrait que votre médecin ne soit pas tout à fait d'accord avec cette nouvelle approche qui ne correspond pas à ce qui lui a été enseigné. L'évolution des mentalités se fait, dans ce domaine comme dans beaucoup d'autres, avec une certaine lenteur, même lorsque des faits scientifiques irréfutables leur sont opposés.

En respectant normalement les règles de la Phase I, il est impossible que vous n'obteniez pas de résultat. Si c'était le cas ou si l'amaigrissement était anormalement long, c'est qu'il y aurait quelque chose que vous ne feriez pas correctement.

Il faudrait, en fait, pendant quelque temps dresser une liste *exhaustive* de tout ce que vous mangez du matin au soir. A la lumière du contenu de ce livre, vous trouveriez certainement ce qui ne va pas.

Vous pourriez, par exemple, consommer beaucoup trop de yogourts ou de fromage blancs normaux (glucido-lipidiques) ou encore faire une consommation régulière de potages qui, selon les dires de votre entourage, ne contiennent que des légumes « autorisés » tels que : tomates, oseille, poireaux, etc. Soyez plus suspicieux et vérifiez à la source. Vous pourriez, par exemple, découvrir que les fameux potages proviennent de soupes en boîte ou en sachet. Or, si vous prêtez attention à la composition, qui est obligatoirement précisée sur le conditionnement, vous remarquerez avec stupéfaction, qu'en plus des légumes autorisés, ils contiennent de mauvaises glucides, sous la forme de fécule d'amidon, sucres, dextrose, et autres agents épaississant ou colorants.

Soyez donc méfiant ! Même si ces principes alimentaires ne sont pas difficiles à mettre en œuvre, ils demandent, tout au moins dans la première phase, de faire quelques efforts et même avouons-le quelques sacrifices. Ne prenez donc pas le risque de les compromettre stupidement.

Attention, si vous suivez actuellement un régime hypocalorique, ne passez pas brusquement à l'application de la méthode. Votre organisme rationné est en période de frustration, la survenue brutale d'une quantité plus importante de nourriture pourrait inciter votre corps à faire des réserves. Vous risqueriez de prendre deux à trois kilos avant de commencer à maigrir. Pour éviter cette reprise de poids inutile, commencez à appliquer la méthode, mais en comptant les calories encore pendant quelques jours, en augmentant progressivement votre ration de 100 calories par jour.

DURÉE DE LA PHASE I

La question légitime que l'on ne manque pas de se poser une fois parvenu à la fin de ce chapitre est :

Combien de temps doit-on rester en phase I ?

Au risque de faire sourire je répondrai par une formule chère à l'un de nos grands comiques, aujourd'hui disparu : « un certain temps ! » Car cela dépend en fait d'un grand nombre de paramètres.

On pourrait répondre que la phase I doit durer le temps nécessaire pour se débarrasser de sa surcharge pondérale, sachant que la progression de l'amaigrissement se fait généralement selon des critères individuels.

Mais on pourrait par ailleurs énoncer comme règle que la fin de la phase I correspond à l'atteinte du poids idéal. Et pour le calculer il suffit de se reporter au Chapitre XIII.

Au lieu de parler de poids idéal, nous devrions plutôt parler de poids de forme ou d'équilibre, une notion très individuelle qui correspond à l'atteinte d'un seuil au-delà duquel l'organisme décide de lui-même de se stabiliser et de ne plus maigrir.

Si vous avez 10 ou 15 kilos à perdre, la Phase I pourrait donc durer de quelques semaines à quelques mois.

Si vous n'en avez que 4 ou 5 à perdre, vous pouvez être ainsi tenté de l'écourter sitôt l'objectif atteint.

Or je vous rappelle que le but de la Phase I, outre de se délester de ses kilos en trop, est surtout de mettre au repos son pancréas, pour lui permettre ainsi de remonter son seuil de tolérance au glucose.

En conséquence, si vous écourtez prématurément la Phase I vous risquez, bien que les kilos éventuels aient disparu, de n'avoir pas encore donné à votre pancréas le temps nécessaire pour qu'il se refasse une santé.

Dans l'hypothèse où vous n'auriez pas de kilos à perdre et que vous suiviez les principes de la méthode uniquement pour retrouver une plus grande vitalité physique et intellectuelle, le problème serait évidemment le même. Vous avez en effet intérêt à prolonger le plus longtemps possible votre phase I, pour réharmoniser d'une manière définitive toutes vos fonctions métaboliques et digestives.

En réalité la question de la durée de la phase I ne devrait pratiquement pas se poser, car le passage en phase II ne se fera pas du jour au lendemain, mais très progressivement.

Et puis vous constaterez que la phase I n'est aucunement contraignante puisqu'elle ne fait pas l'objet de privation.

Vous verrez d'ailleurs que vous y serez tellement bien que vous aurez du mal à en sortir.

RÉSUMONS LES GRANDS PRINCIPES DE LA PHASE I

Ne jamais mélanger les mauvais glucides (pain blanc, farines, féculents) *avec les lipides* (viande, graisses, huiles...) *au cours d'un même repas.*

Eviter tous les éléments glucido-lipidiques (chocolat, avocat, foie, noisette...).

Supprimer totalement le sucre de votre alimentation.

Ne manger que des farines non raffinées.

Ne manger que du pain complet, au son ou intégral fabriqué avec des farines non raffinées (au petit déjeuner seulement)

Oublier les pommes de terre et particulièrement les frites.

Oublier le riz blanc. Ne manger (modérément) que du *riz complet* ou *sauvage.*

Ne jamais manger de pâtes fabriquées avec des farines raffinées.

Renoncer provisoirement à l'alcool sous toutes ses formes : apéritif, vin, bière, digestif. C'est essentiel *pendant la Phase I.* Ensuite le vin pourra être réintégré progressivement à doses raisonnables.

Eviter les cafés trop forts. Prendre l'habitude de boire du décaféiné.

Ne jamais sauter un repas. Répartir les aliments en trois repas pris, si possible, à la même heure.

118

Limiter la consommation des « mauvais lipides » en privilégiant celle des « bons lipides » pour prévenir les maladies cardio-vasculaires (voir Chapitre II).

Essayer de boire peu en mangeant pour éviter de noyer les sucs gastriques. Ne jamais boire en se mettant à table.

Prendre son temps pour manger. Assurer une bonne mastication et éviter toute tension au cours des repas.

Faites vous-même vos jus de fruits. Evitez les sodas et les jus de fruit industriels qui contiennent du sucre.

Attendre trois heures après un repas glucidique (petit déjeuner par exemple) *avant d'ingérer des lipides.*

Attendre cinq heures après un repas lipidique pour ingérer des glucides.

Manger beaucoup de fibres alimentaires, salades, légumes verts, fruits (voir tableau Chapitre II).

Avertissement : l'énoncé ci-dessus n'est que le résumé de quelques principes évoqués dans le texte. En aucun cas il ne doit être considéré comme un condensé de la méthode. Son application anarchique, par quelqu'un qui n'aurait pas pris connaissance des chapitres précédents et suivants, pourrait conduire à un déséquilibre alimentaire qui, dans une mauvaise gestion des lipides, risquerait de se révéler dangereux.

Note : Nous avons, au cours de cette première partie, découvert progressivement deux nouvelles catégories de glucides, les « bons » que l'on pourra consommer sans préjudice pour l'embonpoint et les « mauvais » qu'il faudra traquer et éviter systématiquement. Leur différence tient non seulement à leur importance en termes de pourcentage de glucide, mais aussi et surtout à la manière avec laquelle, ils libèrent leur glucose potentiel au cours de la digestion. Plus la farine sera raffinée, plus elle sera considérée comme un « mauvais » glucide. Plus le pain sera intégral, donc constitué de céréales pures, c'est-à-dire de fibres alimentaires, plus il pourra être classé comme un « bon » glucide (voir Chapitre II).

Exemples des menus PHASE I

Déjeuners :

Salade de tomates	Salade de concombres
Lapin persillade	Filet de cabillaud
	(sauce tomate)
Haricots verts	Epinards
Fromage	Fromage
Boisson : eau, thé léger, tisane	Boisson : eau, thé léger, tisane
Radis au beurre	Maquereau au vin blanc
Escalope de dinde	Steack haché grillé
Endives braisées	Brocolis
Fromage	Fromage
Boisson : eau, thé léger, tisane	Boisson : eau, thé léger, tisane
Salade de champignons	Cœurs de palmiers
Poulet rôti	Côtelettes de porc
Gratin de courgettes	Purée de céleri
Fromage	Fromage
Boisson : eau, thé, tisane	Boisson : eau, thé léger, tisane

Note : En cas d'hypercholestérolémie, le fromage devra soit être supprimé, soit remplacé par une salade verte, soit être choisi exclusivement parmi les fromages allégés en matière grasse.

Poireaux vinaigrette	Céleri rémoulade
Rognons grillés	Gigot d'agneau
Salsifis	Gratin de courgettes
Fromage	Fromage
Boisson : eau, thé léger, tisane	Boisson : eau, thé léger, tisane
Sardines à l'huile	Asperges
Saucisses de Francfort	Boudin grillé
Choux	Purée de chou-fleur
Fromage	Fromage
Boisson : eau, thé léger, tisane	Boisson : eau, thé léger, tisane
Frisée aux lardons	Bouillon de viande
Coquelet grillé	Pot-au-feu
Petits pois	Navets-poireaux-choux
Fromage	Fromage
Boisson : eau, thé léger, tisane	Boisson : eau, thé léger, tisane
Saumon fumé	Thon à l'huile
Magret de canard	Steack tartare
Champignons persillés	Salade verte
Salade-Fromage	Fromage
Boisson : eau, thé léger, tisane	Boisson : eau, thé léger, tisane
Chou rouge	Jambon de pays
Raie aux câpres	Saumon grillé
Purée de haricots verts	Epinards
Fromage	Fromage
Boisson : eau, thé léger, tisane	Boisson : eau, thé léger, tisane
Mozzarella	Œufs mimosas
Escalope de veau	Entrecôte
Choux de Bruxelles	Aubergines
Fromage	Fromage
Boisson : eau, thé léger, tisane	Boisson : eau, thé léger, tisane

Dîners (Protido-lipidiques)

Potages de légumes (maison) Œufs au plat Ratatouille 1 yogourt entier Boisson : eau, tisane	Soupe de poisson Jambon blanc Salade verte Fromage Boisson : eau, tisane
Potage de légumes Tomates farcies (voir recette en annexe) Salade verte 1 yogourt entier Boisson : eau, tisane	Artichauts vinaigrette Œufs brouillés à la tomate Salade verte Boisson : eau, tisane
Soupe à l'oignon Flan de thon (voir recette en annexe) Salade verte Fromage blanc égoutté Boisson : eau, tisane	Potage de légumes Blancs de poulet froid, mayonnaise Salade verte Fromage Boisson : eau, tisane
Salade mozzarella, tomate et basilic Gratin d'aubergines (recette en annexe) Salade d'endives Boisson : eau, tisane	Salade de champignons Aubergines farcies Salade verte Fromage blanc égoutté Boisson : eau, tisane

Concombres à la crème allégée Omelette à l'oseille Salade verte Boisson : eau, tisane	Asperges Filet de poisson blanc poché Epinards Fromage Boisson : eau, tisane

Divers menus glucidiques possibles en phase I, mais à conseiller plutôt en phase II

Potage de légumes (maison) Plat de riz complet ou sauvage à la tomate 1 yogourt à 0 %	Potage de légumes (maison) Plat de pâtes complètes à la tomate Fromage blanc 0 % égoutté
Pastèque Plat de lentilles (sauce fromage blanc 0 %) Salade au citron 1 yogourt à 0 %	Tomates persillées au four Plat de haricots secs (sauce fromage blanc 0 %) 1 yogourt à 0 %
Couscous légumes sans viandes ni matières grasses sauce à base de fromage blanc 0 % + harissa + quelques gouttes de viandox	Pamplemousse Aubergines farcies à la purée de champignons + fromage blanc 0 % 1 yogourt à 0 %

Note : Il est impératif dans ces menus glucidiques de ne consommer *aucune* matière grasse.

PHASE II : LE MAINTIEN
DE L'ÉQUILIBRE PONDÉRAL

Nous voici donc au seuil du « régime de croisière ». Vous avez parfaitement assimilé les principes de notre nouveau mode d'alimentation. Vous avez supprimé à jamais certains aliments « dangereux ». Vous avez désormais, depuis quelques semaines, adopté des habitudes alimentaires différentes. Vous avez donc perdu le nombre de kilos qui constituait votre objectif et vous êtes prêt, à passer à la Phase II.

Contrairement à la Phase I qui ne pouvait être que limitée dans le temps, la Phase II se prolongera certainement jusqu'à la fin de vos jours. En ce qui me concerne, il y a presque dix ans que je suis en Phase II et je n'ai pas repris un gramme. Et pourtant, je ne me prive de *rien*.

La Phase II, comme l'indique le titre du chapitre, c'est le *maintien de l'équilibre pondéral*. C'est désormais à ce stade que nous allons vraiment apprendre à *gérer notre alimentation*.

En Phase I, nous avons principalement supprimé un certain nombre d'aliments, dont je vous ai parlé, dans certains cas, en termes d'interdiction. En Phase II, plus rien ou presque n'est complètement interdit. Il y aura seulement certaines choses à *éviter*, mais uniquement dans certaines conditions.

En Phase II, les principes vont vous paraître plus flous, plus nuancés. C'est le propre de toute gestion.

La gestion n'est pas seulement l'application stricto sensu de règles parfaitement définies une fois pour toutes. C'est aussi l'art d'appliquer ces règles. N'importe quel imbécile est capable d'appliquer des règles. Et nous en faisons les frais la plupart du temps lorsque nous avons affaire à une organisation administrative, qu'elle soit publique ou privée. Pour l'administration il y a les règles, toutes les règles et rien que les règles. Si je ne vous propose pas d'administrer votre alimentation comme vous l'avez fait en quelque sorte en Phase I, c'est parce que cela deviendrait désormais inutile et fastidieux. Et c'est cette subtilité qui relève de l'art, qui fait toute la différence entre les administrateurs (au sens propre du mot) et les gestionnaires. Le « rond de cuir » n'applique que des règles. Le gestionnaire s'en inspire.

C'est ce que je vous propose ici.

Nous allons donc revoir les règles de base, mais nous nous attarderons à chaque fois sur la manière avec laquelle elles peuvent être désormais interprétées et appliquées.

Le sucre

Il reste et restera toujours un produit dangereux. Ce que je vous ai dit en Phase I, reste valable ici. Prenez l'habitude de le bannir de votre alimentation. Même si vous avez oublié votre édulcorant, ne cédez pas à la tentation de vous dire : « un petit morceau de sucre aujourd'hui ne peut quand même pas tout remettre en question ». Ce serait vrai dans l'absolu si vous étiez certain que vous n'avez consommé et que vous ne consommerez aucun autre mauvais glucide dans la journée.

Soyez *inflexible* ! Pas de sucre en morceau dans votre café ! Pas de sucre en poudre sur votre fromage blanc ! Ou bien vous avez votre édulcorant, ou bien vous vous en passez !

Il faut en fait que vous raisonniez par équivalence. Et c'est ce que je vais essayer de vous apprendre dans ce chapitre. Dites-vous qu'un petit morceau de sucre, est l'équivalent glucidique de deux verres de champagne ou d'une demi-bouteille de bordeaux. A vous de choisir !

Le principe en Phase II est que vous allez pouvoir prendre désormais d'importantes libertés par rapport aux règles de la Phase I. Mais vous devez vous considérer comme étant en *liberté surveillée*. C'est cette liberté surveillée qui devra faire l'objet d'une *bonne gestion* !

Du sucre, vous allez en fait être « obligé » d'en manger. Car il y en a dans la plupart des desserts. Je vous apprendrai à choisir parmi les desserts ceux qui en ont le moins. Mais si vous décidez à un moment de céder à votre envie de manger un dessert, vous ne pouvez pas du même coup mettre un sucre dans votre café. Buvez donc votre café sans sucre si vous pouvez, mais ne cédez jamais à la tentation d'en consommer.

Soyez *inflexible* pour le sucre ! C'est du poison et vous devez le traiter comme tel !

Nous allons voir que vous pourrez être plus indulgent avec le reste.

Et le miel ? Voilà une question qui sans doute vous brûle les lèvres depuis le début. Puisque c'est un produit naturel, donc non raffiné vous vous attendez probablement à ce que j'en dise le plus grand bien.

Je crains de vous décevoir quelque peu. En fait ce qui nous intéresse dans le miel c'est le pouvoir glycémiant de ce glucide.

Eh bien ! sachez qu'il est malheureusement élevé puisque son index glycémique est de 90 c'est donc un mauvais glucide.

Il n'a guère de vertus nutritionnelles. En revanche, si on s'intéresse à ses propriétés médicinales, on pourra en prendre, en cas de besoin, une cuillère à café par jour, par exemple à la fin d'un petit déjeuner glucidique.

Le pain

L'un de mes frères qui, comme moi, est un amateur de bons vins rouges, a vraiment compris ce que représentait la consommation de pain au cours d'un repas lorsque je lui ai dit : « A chaque fois que tu mangeras une bouchée de pain, il faudra te priver d'un verre de bordeaux. » C'est une question de choix !

Au niveau du petit déjeuner, il faudra continuer si celui-ci est glucidique à ne consommer *que du pain complet ou intégral* (voir page 93). En revanche, si après trois mois le fromage à 0 % vous « sort par les yeux », vous pouvez le remplacer par une margarine de table ou un beurre allégé, à condition de ne pas en mettre une quantité trop importante. Ne prenez qu'exceptionnellement du beurre, si vraiment vous n'avez pas le choix, en voyage par exemple.

Même chose pour le lait. Par principe, gardez l'habitude de ne consommer *que* du lait écrémé. Si exceptionnellement vous n'en avez pas sous la main, ce qui peut être le cas en voyage, prenez de la crème ou du lait entier mais très modérément.

Le petit déjeuner glucidique tel qu'il est recommandé en Phase I, n'est pas contraignant. Organisez-vous donc en conséquence pour en adopter définitivement les règles.

Il m'arrive de temps en temps d'avoir des petits déjeuners de travail dans des grands hôtels parisiens. Je ne peux généralement pas dans ce cas m'empêcher de goûter à ces délicieuses brioches ou à ces excellents croissants dégoulinants de bon beurre.

Lorsque je sors d'un tel petit déjeuner, j'inscris automatiquement dans ma tête cet *écart* au passif de mon équilibre alimentaire. Je veux dire par là que j'en tiendrai compte dans les choix que je ferai au déjeuner et au dîner. Il est probable que je ne mangerai pas de dessert au chocolat au déjeuner ou que je m'abstiendrai de boire du vin, si c'est possible, au dîner.

Vous comprenez donc déjà que le secret d'une bonne gestion, c'est une *répartition harmonieuse des écarts*. Disons qu'il y a une certaine tolérance en ce qui concerne le mélange lipide-glucide. Et que tant que vous ne dépasserez pas cette limite raisonnable, vous maintiendrez votre équilibre pondéral.

Je ne peux pas vous dire quelle est cette limite car elle est différente selon les individus. Cela dépend de leur sensibilité au glucose et surtout de la manière avec laquelle le pancréas va réagir. Si vous avez remontré votre seuil de tolérance au glucose après une phase I sérieuse, il est probable que sa production d'insuline sera beaucoup mieux contrôlée et juste nécessaire pour chasser la quantité excédentaire du sucre du sang. Mais rassurez-vous, vous trouverez très facilement cette limite tout seul en surveillant votre balance très régulièrement.

Car naturellement, en bon gestionnaire, il faudra avoir en permanence un œil sur les clignotants et surveiller votre poids, comme vous surveillez votre budget personnel. Vous savez sans doute que les écarts sont toujours faciles à compenser s'ils sont décelés à temps.

Au déjeuner, que celui-ci ait lieu chez vous, à la cantine de votre entreprise ou dans un grand restaurant, vous conserverez l'une des règles d'or : *pas de pain en mangeant* ! Si vous mangez des huîtres, mangez-en trois ou quatre de plus, bien qu'elles soient un peu glucido-lipidiques, plutôt que de manger une tartine de pain beurrée.

Si vous êtes au restaurant, ne mangez pas non plus le toast que l'on vous sert avec le saumon fumé. Commandez plutôt du saumon frais mariné à l'aneth. C'est délicieux et il n'y a pas de toast en accompagnement. Donc pas de tentation.

Si vous mangez du foie gras, l'interdiction du toast est formelle. D'autant plus que le foie est un peu glucido-lipidique. C'est une des raisons pour lesquelles il n'était pas dans la liste des aliments autorisés en Phase I.

En vous passant de pain à l'exception du petit déjeuner, vous prendrez petit à petit l'habitude de mieux goûter les plats raffinés que l'on vous servira. C'est particulièrement vrai pour le foie gras, surtout s'il est frais, ce que je vous encourage à prendre en priorité au restaurant. Car du foie gras cuit, vous pouvez toujours en manger chez vous. Il s'agit là de l'application d'une autre règle qui a peu de choses à voir avec l'objet de ce livre puisqu'elle relève de principes qui se rapportent plutôt à la gastronomie en général. Cette règle est la suivante : *mangez au restaurant ce que vous ne pouvez pas manger chez vous.*

Lorsque je suis au restaurant, je suis souvent stupéfait devant le conservatisme de ceux qui m'accompagnent, qu'ils soient Français ou étrangers. Quand ils regardent la carte, ils arrêtent immanquablement leur choix sur ce qu'il y a de plus commun et de plus classique, c'est-à-dire sur ce qu'ils mangent tous les jours, qu'ils soient chez eux ou à l'étranger. Il faut donc toute la diplomatie et l'esprit de persuasion du maître d'hôtel pour les détourner de ce plat de viande banal qui se rapproche le plus de leur nourriture habituelle.

Si vraiment ils font preuve d'aussi peu d'imagination et de créativité dans leur travail, je plains leurs patrons ou leurs actionnaires.

Au restaurant, prenez en priorité du poisson. C'est avec le poisson et grâce à lui que nos grands cuisiniers nationaux font la meilleure démonstration de leur talent. La France est un des rares pays au monde où, même à 500 km des côtes, on trouve toujours du poisson frais. Profitez-en et encouragez cet état de fait exceptionnel.

Pour en revenir au pain, je vous ferai seulement une petite concession au niveau du fromage.

Si vous vous trouvez dans un de ces trop rares endroits qui servent du pain complet, je vous concède, dans la mesure où vous n'avez fait preuve d'aucun écart notoire jusqu'alors, le mariage exceptionnel que constitue le chèvre cendré, le pain complet et un médoc de quelques années.

Les féculents

Même en Phase II, je conserve toujours le même mépris pour la pomme de terre, le riz raffiné, les pâtes blanches et le maïs.

Vous avez certainement compris en Phase I qu'ils étaient, comme le pain blanc, les grands responsables de la prise de poids, et qu'ainsi, à chaque fois qu'on les mélangeait avec des lipides, ils créaient des conditions déplorables. Comme le pain, mieux vaut donc s'en passer au déjeuner et au dîner, à moins que vous en décidiez autrement d'une manière délibérée.

Sachez en tout cas qu'il existe un moyen de diminuer l'effet négatif de ces mauvais glucides. En les accompagnants de fibres, vous pourrez en effet en réduire l'index glycémique.

Si par exemple vous décidez de manger des frites pour vous faire plaisir ne manquez pas de les accompagner d'une abondante salade, dont les fibres permettront de minimiser l'écart qu'elles ne manqueront pas de constituer, vous vous trouverez parfois dans des situations où il sera difficile de refuser l'écart. Mais ne cédez pas pour autant à la facilité. J'entends par là que vous devez vous « *programmer* » de telle manière que, par instinct, vous réagissiez négativement, en les excluant d'office. Rassurez-vous, même si vous y parvenez, il y aura suffisamment de cas où vous serez obligé de faire des exceptions à la règle pour satisfaire vos fantasmes.

En nouvelle cuisine, alors que le service se fait à l'assiette, il y a généralement trois ou quatre légumes en accompagnement. Si vous en laissez un sur quatre, personne ne vous en voudra.

Mais voilà, vous pouvez être invité chez votre voisine de palier ou chez votre vieille tante acariâtre. Et si vous laissez la moindre parcelle de gratin dauphinois, ou grain de riz indécollable dans votre assiette, vos relations socio-familiales pourraient sérieusement en souffrir. Admettez donc un écart supplémentaire, mais celui-ci est d'autant plus frustrant qu'il n'apporte aucun plaisir en compensation.

Sachez en tout cas que, si vous avez terminé votre assiette de mauvais glucide avec ou sans plaisir, il vous faudra réduire par ailleurs, soit au niveau de la boisson, soit au niveau du dessert. Si par malheur vous êtes obligé non seulement d'avaler le riz, mais aussi de terminer le baba au rhum étouffant que votre hôtesse a spécialement préparé pour vous, vous allez alourdir considérablement votre passif. Et peut-être vous faudra-t-il, selon l'importance de l'écart une ou deux journées de retour en Phase I pour rétablir la balance.

En revanche, je vous mets en garde contre une tendance naturelle à considérer, dans les cas désespérés, que perdu pour perdu, autant ne plus faire attention du tout. Et de vous dire en vous laissant aller « on avisera en fonction des dégâts ». Ceci est *un danger qui vous guette et il faut à tout prix que vous n'y succombiez jamais.*

N'arrêtez jamais l'application de vos principes sous prétexte que « pendant les fêtes de Noël c'est impossible à appliquer ».

Je le sais pour l'avoir expérimenté depuis de nombreuses années : même dans les situations les plus critiques, il est toujours possible de gérer son alimentation. Vous faites des écarts par obligation, soit, mais sachez les gérer dans la période présente et celle qui suit, en évitant au moins tout ce qu'il est possible d'éviter. Si vous commencez à mettre en pratique mes recommandations selon le rythme de l'accordéon, vous n'en sortirez jamais.

Ce qu'il faut, et vous l'avez compris, c'est relever le plus possible votre seuil de tolérance au glucose. Si vous pratiquez la méthode de l'accordéon qui consiste à revenir en Phase I dès que vous avez pris trois ou quatre kilos, vous n'y parviendrez pas vraiment.

Je peux vous dire par expérience qu'après dix ans de bonne gestion en Phase II, mon seuil de tolérance au glucose est extrêmement élevé. Cela veut dire que plus on est vigilant dans les premières années, plus on peut ensuite « encaisser » des écarts importants.

La méthode que je vous propose a pour objet de vous *déconditionner* des mauvaises habitudes alimentaires prises depuis votre enfance. L'une des clés de la réussite passe par un *reconditionnement* positif. Si ce reconditionnement est bien fait en Phase I, vous n'aurez pratiquement plus d'efforts à faire en Phase II. J'entends par là que vous aurez acquis un certain nombre de réflexes qui, en permanence, induiront les bons choix dans le cadre de votre gestion.

Si, sur la carte d'un restaurant, vous remarquez des pâtes fraîches et que cela vous fasse plaisir d'en commander, faites-le. Mais faites-le en connaissance de cause. Profitez au maximum du plaisir que cela peut vous apporter, mais gardez-le bien en mémoire pour en compenser ultérieurement les effets négatifs.

Dans l'hypothèse où vous auriez décidé au cours d'un repas de manger du foie gras, des huîtres et des coquilles St-Jacques, sans vous privez du brouilly qui va si bien avec les crustacés, et qu'au détour de votre plat principal, vous rencontriez une pomme de terre, du riz ou quelques pâtes, *évitez-les à tout prix* ! Vous n'êtes pas si faible, que diable, pour vous montrer incapable de résister.

En lisant ces lignes, je sais que vous n'êtes pas complètement convaincu d'être capable de résister et d'avoir la volonté suffisante pour délibérément laisser quelque chose que vous aimez dans votre assiette.

Eh bien ! vous verrez que ce sera, en fait, plus facile que vous ne l'imaginez. Lorsque vous aurez constaté avec joie les résultats spectaculaires auxquels vous serez parvenu en Phase I, votre limitation sera automatique. Inconsciemment, vous aurez beaucoup de difficultés à céder aux tentations.

Vous parviendrez donc petit à petit à une auto-régulation. Vous vous auto-gérerez en quelque sorte.

Les fruits

En ce qui concerne les fruits, les règles que je vous ai données dans le chapitre consacré à la Phase I, continueront à être appliquées. Vous devez donc continuer à manger les fruits à jeun.

Vous avez certainement compris que ce n'est pas tant la quantité très relative de glucide (fructose et glucose) que contiennent les fruits qui est à l'origine de cette règle, que le fait de *l'indigestion* des fruits s'ils sont ingérés avec autre chose. Lisez bien le chapitre sur la digestion et vous en saurez un peu plus. Il y a certains fruits, en revanche, donc le taux de glucides est si bas qu'il n'y a aucun inconvénient à en manger en Phase II, même tous les jours si cela vous fait plaisir. Ce sont les *fraises, les framboises et les mûres.*

Au déjeuner comme au dîner, au restaurant comme à la maison, mangez des fraises et des framboises.

Si votre repas est authentiquement protido-lipidique, vous pouvez y ajouter de la crème fraîche. Mais

134

attention pas de sucre en poudre mais au besoin un édulcorant.

Si vous n'avez fait aucun écart (en dehors du vin) ou si ceux-ci restent très modestes, vous pouvez même demander de la crème fouettée (crème Chantilly), bien qu'elle contienne une très petite quantité de sucre. A la maison, vous pouvez préparer la « Chantilly » avec un édulcorant.

Il y a un autre fruit que vous pouvez manger sans problème en Phase II, c'est le melon, en début de repas évidemment. S'il est mangé en entrée, attendez si possible un petit quart d'heure avant d'ingérer autre chose, surtout si c'est du poisson ou de la viande. Ce sera généralement le cas lorsque vous serez au restaurant. Si le melon se trouve parmi les hors-d'œuvre, vous pouvez sans problème le mélanger avec toutes les salades, exceptées celles qui sont à base d'œufs, de mayonnaise et de charcuterie. Mais là encore, le conseil ne vaut qu'eu égard aux éventuels problèmes de digestion. Car avec le melon les risques de grossir en Phase II sont très faibles.

De nombreux lecteurs des éditions précédentes m'ont écrit pour demander s'il fallait considérer les fruits cuits de la même manière que les fruits crus. Je serai tenté de répondre oui avec toutefois quelques nuances. Les fruits cuits fermentent moins que les fruits crus. La perturbation gastrique est donc moindre. Une compote, une poire Belle-Hélène ou autre pêche melba ne représentent donc qu'un tout petit écart.

Il faut savoir, en revanche, que les fibres des fruits cuits perdent l'essentiel de leurs propriétés notamment en ce qui concerne leur pouvoir hypoglycémiant.

Quant aux fruits au sirop, ils doivent être complètement exclus en raison de leur forte concentration en sucre.

En ce qui concerne les fruits secs dont l'index glycémique est moyen, mais dont la plupart comportent de bonnes fibres, ils pourront être intégrés pour soutenir un gros effort physique. La figue sèche est certainement le meilleur d'entre eux et la banane le plus mauvais.

Les desserts

Cette rubrique, comme celle du vin, m'est chère à tout point de vue, car par nature j'aime les « douceurs », d'une manière générale et en fin de repas en particulier.

A chacun ses points faibles. Il suffira de savoir les gérer.

Pour ma part, je pourrais me passer de pomme de terre pendant la vie entière, de pâtes fraîches pendant un an au moins, mais je ne pourrais pas survivre sans chocolat pendant plus d'une semaine.

Dans la « nouvelle cuisine », il y a aussi la « nouvelle pâtisserie » et il faut reconnaître que, depuis plus de dix ans, des progrès considérables, en termes de créativité et d'ingéniosité, ont été faits dans ce domaine par nos grands cuisiniers qui sont tous de grands pâtissiers.

Les pâtisseries françaises sont devenues de loin les meilleures du monde par leur originalité, leur beauté, leurs parfums naturels et surtout leur légèreté. Gaston

Lenôtre [15] est certainement l'un des plus grands maîtres en la matière et il est heureux qu'il ait fait autant de disciples, qui ne sont pas loin d'égaler le maître. Même le « Framboisier » [16] de votre quartier doit être reconnu comme un modèle du genre, tant il recèle d'extraordinaires mousses toutes plus légères et ingénieuses les unes que les autres.

En Phase II, vous allez pouvoir apprécier ces délices, tout en restant dans la logique de notre système. Si vous aimez les pâtisseries, ne mangez que les plus légères qui sont aussi les meilleures. Les plus compatibles avec notre méthode sont naturellement celles qui contiennent le moins de farine et le moins de sucre. De la même manière que les sauces « nouvelle cuisine » ne contiennent pas de farine, les « nouvelles pâtisseries », et particulièrement les mousses, ne contiennent peu ou pas de farine et toujours très peu de sucre. Le fondant au chocolat amer, dont vous trouverez la recette en annexe ne contient que 50 grammes de farine pour un poids total de gâteau de 1 kg environ soit 5 %. Quant au sucre il n'est même pas prévu d'en ajouter. Le peu que contient le chocolat amer que vous utilisez, suffit. Voilà donc un gâteau dont vous pouvez vous délecter en n'inscrivant qu'un écart modeste dans votre passif quotidien.

Je vous conseille d'autre part la mousse au chocolat car celle-ci ne contient presque pas de glucide en dehors du peu que l'on trouve dans le chocolat amer. Et si elle n'est pas assez sucrée à votre goût, ce qui me surprendrait, rajoutez simplement un peu d'édulcorant en poudre (voir recette en annexe).

---

15. Gaston Lenôtre, 44, rue d'Auteuil, Paris 16ᵉ.
16. Framboisier, 11, avenue du Colonel Bonnet, Paris 16ᵉ.

J'ai commencé par le chocolat car c'est ma passion. Parce que je l'aime beaucoup et que, s'il est de première qualité (riche en cacao) il ne contient que peu de glucide et son indice glycémique est bas, puisqu'il est égal à 22.

Mais il y a bien d'autres choses, tout aussi séduisantes, parmi les « nouveaux desserts ». Le Bavarois par exemple, c'est une mousse de fruits (prenez de préférence le bavarois aux fraises ou aux framboises) qui a la consistance d'un flan. Il contient bien du sucre et quelques mauvais glucides, mais en quantité très raisonnable. Disons, sans avoir à tomber dans les toujours fastidieux pourcentages, que votre tranche de bavarois contient moins de mauvais glucides qu'une fourchette de frites, un toast, ou deux ou trois gâteaux secs.

En dehors du bavarois, il y a la charlotte qui, je dirais, est une espèce de bavarois habillé de biscuit. Mangez la partie intérieure très souvent glacée et laissez dans votre assiette le biscuit qui ne présente aucun intérêt gastronomique et qui, en revanche, est un mauvais glucide à haute concentration.

Si vous aimez les glaces, ne vous en privez pas car leur index glycémique est bas (35). La quantité de sucre qu'elles contiennent est relativement faible pour les glaces de bonne qualité, mais l'index glycémique des sorbets est de 65.

Mais sachez que, contrairement à ce que l'on pense, le froid de la glace ne fait pas digérer. C'est pourtant ce que l'on a tendance à croire, car c'est l'impression très momentanée que cela provoque.

---

20. Cf. *Les* Editions Artulen.

Et si vous aimez les glaces, vous les préférez peut-être avec du chocolat chaud et une montagne de chantilly délicatement disposée sous un petit parapluie japonais. Ne vous en privez pas. En termes d'écart, cela ne représente même pas l'équivalent d'une affreuse pomme de terre.

Quant aux tartes, qu'elles soient tatin ou maison, elles ont, du fait de la quantité de farine et de sucre qu'elles contiennent, un taux de mauvais glucide qui peut faire réfléchir. Mais encore une fois, tout est une question de choix. Car votre morceau de tarte n'est pas pire qu'une pomme de terre sous la cendre ou que deux cuillères à soupe de riz blanc.

Si vous n'avez fait aucun ou peu d'écarts dans la journée, à vous de décider. Mais comme pour le reste, ne choisissez d'en manger que si cela doit vous faire plaisir et si vous êtes certain que la qualité mérite le petit sacrifice qu'il faudra faire ensuite.

L'alcool

Toutes les boissons alcoolisées doivent faire à elles seules l'objet d'une gestion parallèle. En Phase II, comme je vous l'ai déjà laissé entendre, vous allez pouvoir réintégrer les boissons alcoolisées, mais dans certaines limites. J'entends par là qu'il va falloir, là aussi, faire des choix. Vous ne pourrez pas, je vous préviens tout de suite, réintégrer d'office (si tant est que cela ait fait partie de vos anciennes habitudes) l'apéritif, le vin blanc, le vin rouge et le digestif. Même si c'est un repas exceptionnel, qui par définition comportera d'autres écarts, ce n'est pas raisonnablement envisageable. Il va donc falloir gérer ce que l'on boit comme l'on gère ce que l'on mange.

L'apéritif

A l'apéritif, prenez plutôt un verre de vin ou de bon champagne qu'un alcool pur tel que du whisky ou du gin, même si vous y mettez de l'eau ou du Perrier [17]. Tout simplement parce que l'écart est moindre. Un whisky représente l'équivalent alcool d'un demi-litre de vin rouge. Personnellement je préfère me réserver pour le vin. C'est la raison pour laquelle, au restaurant, je ne bois jamais d'apéritif, et chez moi très exceptionnellement. En guise d'apéritif et pour « trinquer » avec mes compagnons de table, je demande de préférence un verre de vin. La plupart du temps d'ailleurs, je demande au maître d'hôtel d'apporter tout de suite le vin que nous boirons avec le repas. Si c'est un bordeaux jeune ou un beaujolais supérieur (brouilly, fleurie) cela va avec pratiquement tout. Il n'est donc pas nécessaire d'attendre d'avoir commandé tous les plats pour savoir ce que l'on va boire. Et puis, on peut toujours commander autre chose au cours du repas, si c'est nécessaire, ne serait-ce qu'une demi-bouteille.

Le vin à l'apéritif est d'ailleurs une pratique qui paradoxalement nous vient de l'étranger. A New-York, à Berlin ou à Singapour, vous pouvez demander un verre de vin à l'apéritif dans n'importe quel grand restaurant, sans que le maître d'hôtel, comme c'est souvent le cas en France, ne vous prenne pour un paysan corrézien ou un O.S. de chez Renault.

---

17. Le tonic que l'on boit seul ou avec un alcool est une boisson sucrée. N'en buvez plus !

Je pense qu'il est superflu de vous recommander de ne pas prendre plus d'un apéritif. Surtout si c'est un whisky ou quelque chose d'équivalent. Si vous ne pouviez pas faire autrement, ce qui m'étonnerait fortement, prenez plutôt un deuxième verre de vin ou de champagne.

L'apéritif est généralement le plus mauvais moment à passer quand on a le souci d'une bonne gestion de son alimentation. Si l'on se trouve chez des amis, c'est le moment qui traîne le plus en longueur car la maîtresse de maison attend très souvent que les derniers invités soient arrivés pour commencer certaines cuissons qui peuvent durer plus d'une heure.

Si vous êtes parmi ceux qui ont la politesse d'arriver à l'heure, vous pouvez donc être amené à supporter un apéritif pendant quelques deux heures. C'est très long quand il n'y a que de mauvais glucides à grignoter et lorsque vous avez décidé de réserver vos écarts aux excellents vins rouges que votre hôte fait amoureusement vieillir dans sa cave ou à la gratinée de framboises que votre hôtesse réussit généralement à merveille.

Les apéritifs qui véritablement tournent pour moi au cauchemar, sont ceux organisés par les Anglo-Saxons. On est prié d'y être à six heures et demie, et même si vous arrivez avec une heure de retard, ne comptez pas qu'on vous serve quelque chose à manger avant neuf ou dix heures.

J'ai le triste souvenir d'une soirée chez des Anglais qui venaient de s'installer dans la banlieue parisienne et où à minuit moins le quart un couple de français se leva pour prendre congé. Quelle ne fût pas sa surprise lorsque la maîtresse de maison, avec un charmant accent, leur annonça : « Mais vous n'allez pas partir au moment où nous servons le dîner ? » Ils étaient arrivés scrupuleusement à sept heures, en pensant que les anglais mangeaient très tôt. Quatre heures plus tard en ayant accepté de ne boire qu'un seul « drink », l'hypoglycémie aidant, ils étaient au bord du désespoir.

Si vous avez l'expérience de ce type de soirée, vous avez certainement été stupéfait par la quantité d'alcool que les Anglo-Saxons sont capables d'ingurgiter à jeun. Peut-être avez-vous aussi remarqué que le souci majeur du maître des lieux est de « refaire » en permanence le niveau des verres de ses invités. En dehors du fait que cette pratique ne permet pas de mesurer ce que l'on boit, ce qui est bien la dernière de leurs préoccupations, elle conduit les Anglo-Saxons à emporter leur verre d'apéritif avec eux lorsqu'ils sont priés de passer à table. Cela peut paraître logique dans la mesure où il est forcément plein (on ne précise plus qui...).

Si je me suis attardé un peu sur l'apéritif, c'est pour montrer qu'il constitue souvent un *piège*, ce qui le rendra d'autant plus difficile à gérer. Mais si j'en crois mon expérience, il y a toujours moyen de l'éviter. Il suffit de le vouloir.

En tout cas souvenez-vous bien de la règle essentielle en ce qui le concerne : manger préalablement des protéines-lipides (fromage, saucisson, poisson...), car boire à jeun est non seulement une hérésie, mais aussi et surtout l'amorce d'une catastrophe métabolique.

Le vin

Dans les chapitres précédents, à plusieurs reprises, j'ai évoqué le sujet et vous avez pu comprendre que mes sympathies allaient plutôt vers le vin rouge en général, et vers le bordeaux en particulier.

C'est vrai et je vais m'en expliquer ici, mais je ne rejette pas pour autant les vins blancs ou les vins rouges autres que le bordeaux. Une fois de plus, tout est question de choix dans le cadre de sa gestion. Je reconnais que le meilleur vin pour accompagner un excellent foie gras est le sauterne. Et si vous avez la chance d'avoir dans votre assiette un foie frais exceptionnel, la meilleure façon de l'apprécier sera de boire un verre de sauterne. Mais *la gestion, c'est aussi l'art des compromis !*

Le foie, comme vous le savez maintenant, est glucido-lipidique, ce qui fait que, même si cela reste symbolique, il constitue un petit écart. Le sauterne est sucré et constitue donc un petit écart potentiel supplémentaire. Si vous utilisez tous vos « *jokers* » dès le début du repas, comment allez-vous gérer le reste ?

Mais libre à vous de décider de boire du sauterne pour autant que vous vous limitiez au strict minimum, c'est-à-dire à la quantité nécessaire pour apprécier votre foie gras. Sachez qu'un verre de sauterne, c'est environ l'équivalent de trois verres de médoc.

Puisque dans un repas normal nous pouvons boire plusieurs verres de vin sans compromettre notre équilibre glucido-lipidique, autant boire un vin peu sucré qui constitue un plus faible écart. Le vin rouge et les blancs secs d'une manière général présentent cet avantage.

Mais en recommandant en particulier le vin rouge, il y a malgré tout des nuances importantes à préciser. Dans la hiérarchie, je mettrais en première ligne les vins rouges jeunes dont le degré d'alcool se situe entre 9° et 12°. Vous trouverez dans cette catégorie les beaujolais, gamay, les vins de Loire tels que chinon, bourgueil, anjou, saumur champigny et beaucoup d'autres petits vins de pays qui se boivent jeunes, tels que les vins de Savoie. Il est bien évident que plus on descend dans le midi, plus le degré d'alcool est élevé. Mais ce n'est pas une raison pour les exclure.

Le Français en général, et le parisien en particulier ont trop tendance à considérer que le bordeaux rouge est un vin que l'on ne doit boire qu'au bout d'un certain nombre d'années de vieillissement. C'est faux ! Et je félicite les professionnels ainsi que les responsables des revues spécialisées dans la gastronomie de promouvoir l'idée que de très nombreux bordeaux peuvent se boire jeunes. C'est pourquoi on trouve désormais, dans la plupart des très bons restaurants français, un choix important d'excellents « petits bordeaux ». Les critiques gastronomiques ne manquent d'ailleurs pas de le préciser dans leurs commentaires et ils le font avec d'autant plus de conviction que le rapport qualité-prix est toujours satisfaisant.

Cela ne veut pas dire pour autant que l'on doive bouder les grands crus qui sommeillent au fond des bonnes caves, bien au contraire. Mais sachez que les vins vieux, qu'ils soient de Bourgogne ou de Bordeaux, ne se boivent pas, ils se dégustent. Et apprenez à le faire car cela doit impérativement faire partie de votre culture de Français.

Il m'est malheureusement arrivé plusieurs fois de constater au cours de repas regroupant des étrangers et des Français que certains de ces derniers étaient honteusement incultes dans un domaine où de nombreux étrangers pouvaient faire preuve de connaissances impressionnantes.

J'ai, pour ma part, toujours remarqué que ce type de connaissance pouvait être d'un grand secours dans le cadre des relations publiques en général et des repas d'affaires en particulier. Pour peu que la conversation ait du mal à démarrer et que vos interlocuteurs soient étrangers, je vous garantis par expérience que c'est un sujet de conversation qui est autrement plus sympathique que de parler de la pluie ou du beau temps ou même du cours du dollar.

Pour en revenir aux recommandations concernant le vin, je pense qu'en Phase II on peut boire trois verres de vin rouge sans compromettre pour autant l'équilibre général de notre nouveau mode d'alimentation. A titre d'exemple, voici un repas parfaitement bien équilibré :

champignons à la grecque
sole grillée, ratatouille
salade
framboises
café décaféiné

Trois verres de vin rouge sur ce repas ne vous feront absolument pas grossir, à condition de ne commencer à boire qu'après la fin de l'entrée, c'est-à-dire en ayant toujours soin d'avoir ingéré préalablement une quantité suffisante de nourriture pour neutraliser en quelque sorte l'effet de l'alcool. Et contrairement à ce que vous pouviez craindre, le vin n'aura pas pour effet secondaire de vous endormir dans l'après-midi.

Si vous avez une réunion de travail après le repas, vous pourrez constater que ce sont ceux qui auront mangé des mauvais glucides et notamment du pain blanc et, qui paradoxalement n'auront peut-être bu que de l'eau, qui auront une forte tendance à somnoler.

Il est bien évident que, si vous ne buviez pas de vin du tout, ce serait encore mieux. Mais l'objet de ce livre est, entre autres, de vous montrer qu'en respectant certaines règles fondamentales, vous pouvez vous permettre de continuer à satisfaire, et vos obligations socio-professionnelles, et votre plaisir personnel. En revanche, le soir au dîner, chez vous, buvez de l'eau, il n'est pas souhaitable de dépasser un demi-litre de vin par jour.

Je vous ai déjà précisé qu'il m'apparaissait comme un principe important de ne pas boire à jeun. C'est en effet une pratique que je vous encourage à adopter.

Si vous ingérez de l'alcool à jeun, celui-ci passe aussitôt dans votre sang et est ainsi métabolisé avec les effets qui nous sont maintenant familiers : sécrétion d'insuline, stockage de l'énergie en graisses de réserve et parfois étourdissement, lorsque l'on a peu l'expérience de l'alcool.

Si l'alcool rencontre des aliments dans l'estomac, il y aura combinaison entre les deux et la métabolisation de l'alcool sera ralentie. Plus celle-ci sera lente, moins elle déclenchera les effets secondaires négatifs évoqués précédemment.

On peut donc en déduire que l'on a tout intérêt à *commencer à boire le plus tard possible, quitte à se rattraper en fin de repas.*

Je vous recommande d'autre part de ne *jamais* boire d'eau au cours des repas. Cela peut vous paraître paradoxal, mais laissez-moi vous donner les raisons de cette affirmation.

Lorsque vous buvez du vin, alors que votre estomac est déjà rempli, vous avez bien compris que la métabolisation du vin est retardée, puisque l'alcool est d'abord absorbé par les aliments. Il sera donc digéré avec eux. Et, si ces aliments sont des protides ou des lipides (viande, poisson) qui, par définition, se digèrent très lentement, la métabolisation de l'alcool en sera d'autant plus retardée. Or on sait que plus elle est retardée, moins le vin est « grossissant ».

Si vous buvez de l'eau en alternance avec votre vin, vous ne ferez que diluer l'alcool dans l'eau et ce mélange, au lieu de se combiner avec les autres aliments, sera, du fait de la saturation, rapidement métabolisé et passera dans votre sang comme si vous aviez été à jeun.

Tout le monde vous recommandera de boire beaucoup d'eau car cela permet d'éliminer les déchets organiques. C'est vrai, mais c'est, en revanche, une hérésie de boire de l'eau à table, sauf si l'on en boit modérément. D'abord parce que c'est mauvais pour la digestion, les sucs gastriques étant trop dilués, mais aussi parce que c'est le meilleur moyen de métaboliser immédiatement l'alcool, si vous en avez bu.

Prenez donc l'habitude de boire peu en mangeant et surtout de ne pas boire d'eau lorsque vous buvez du vin.

Les digestifs

Comme vous avez bien compris que l'alcool était d'autant *mieux* métabolisé qu'il était pris en fin de repas, vous vous attendez peut-être à ce que je vous annonce que prendre un digestif en fin de repas est encore plus inoffensif qu'un verre d'eau de Vichy. Je risque donc de vous décevoir.

Le « petit verre » pris en fin de repas peut pourtant aider à la digestion. D'où le nom de digestif. Car l'alcool a la propriété de dissoudre les graisses. Si votre repas a été riche en lipides, l'alcool peut donc aider le processus digestif.

Ma grand-mère (bordelaise d'origine) qui s'est éteinte tout doucement à l'âge de 102 ans, n'avait jamais terminé un repas (de mémoire de ceux qui l'avaient connue depuis sa tendre jeunesse) sans prendre un verre d'une célèbre liqueur. Elle n'avait d'ailleurs jamais bu à table autre chose que du bordeaux. Je ne l'ai personnellement jamais vu boire un verre d'eau au cours d'un repas.

Mon autre grand-mère (originaire du Gers, la région de l'Armagnac) est morte beaucoup plus jeune à l'âge de 99 ans. Elle buvait aussi sa petite goutte après les repas, mais pas toujours régulièrement.

De là à en déduire qu'elles avaient toutes les deux trouvé dans le « petit verre » le secret de leur longévité, c'est un pas que je ne prendrai pas le risque de franchir. Mais avouez qu'il y a des phénomènes troublants.

Techniquement je dirai que si le repas n'a été « arrosé » que très modérément, l'alcool pris à la fin ne peut pas avoir un effet catastrophique, surtout s'il est pris en très petite quantité.

En revanche, si vous vous décidez à boire un cognac dont le verre est si gros qu'on y mettrait la tête, je répondrai d'autant moins du résultat que vous aurez déjà absorbé quatre ou cinq verres de vin au cours du repas. Un alcool bien tassé représente l'équivalent de trois ou quatre verres de vin. Faites le total et, « Bonjour les dégâts ! »

Je vous laisse le soin de conclure.

Le café

En Phase II, je vous recommanderai de conserver les bonnes habitudes que vous avez prises en Phase I, à savoir de ne consommer que du café décaféiné. Dans la mesure où vous aurez supprimé les « coups de pompe » dus à l'hypoglycémie ou aux lourdeurs digestives, le besoin de caféine aura complètement disparu. Se passer de caféine est aussi salutaire que de se passer de nicotine.

Cependant, dans la mesure où vous aurez réussi à remonter considérablement le seuil de tolérance, au-delà duquel il y a sécrétion d'insuline, l'absorption éventuelle d'un peu de caféine ne constituera pas pour autant une dangereuse menace pour votre équilibre retrouvé.

Les autres boissons

En ce qui concerne les autres boissons, que nous avons analysées en Phase I, les limonades, les sodas, le lait et les jus de fruits, je n'ai rien de particulier à rajouter ici. Respectez en Phase II toutes les recommandations qui vous ont préalablement été données.

Conclusion

La Phase II est à la fois la plus facile et la plus difficile à respecter. Elle est plus facile que la Phase I car elle ne comporte que très peu de restrictions et encore moins d'interdictions. Elle est en revanche plus difficile car elle implique une gestion avisée et subtile, dont la permanence et la rigueur sont les principales caractéristiques. Soyez donc vigilant et toujours sur vos gardes car il va falloir éviter les risques. Le premier risque à éviter, c'est *l'erreur de gestion*. L'erreur de gestion consiste à gérer son alimentation en ne tenant compte que d'un seul facteur à la fois. Exemple : vous buvez un whisky avant le repas et vous attendez ensuite le plat principal pour commencer l'un des trois verres de vin que vous vous êtes alloué. Si vous avez bien retenu que l'action de l'alcool est moindre lorsque l'estomac est plein, n'attendez pas un effet spectaculaire de cette pratique, si préalablement vous avez pris un apéritif à jeun.

Je vous ai fait, en fin de chapitre, le résumé des règles d'or de la Phase II. Connaissez-les toutes parfaitement pour pouvoir les appliquer harmonieusement.

Mais le risque le plus dangereux, c'est de gérer votre alimentation par des alternances de « laisser-aller total » avec retour sévère en Phase I pour « sauver les meubles ». Si vous vous laissez aller à pratiquer cette méthode, je ne vous donne pas trois mois pour tout abandonner et revenir stupidement à la case départ en ce qui concerne les kilos.

L'objectif que vous devez vous fixer, et c'est le but de ma méthode, est d'arriver à une stabilisation. Et vous n'y parviendrez qu'en réalisant une bonne gestion en Phase II, qui doit durer toute la vie. Cette Phase II, si elle est encore un peu contraignante au début, sera tous les jours un peu plus facile à mettre en œuvre. Car au fur et à mesure de sa pratique, la gestion de l'alimentation deviendra une gestion intégrée relevant de l'habitude et du réflexe. Vous serez alors parvenu à un nouveau conditionnement.

150

Ne vous laissez pas impressionner et décourager par votre entourage.

N'essayez pas non plus de vouloir à tout prix convaincre ceux qui n'ont aucune envie de changer leurs habitudes. J'ai personnellement fait l'erreur, au début, de vouloir convertir tout le monde à ma nouvelle « religion ». Occupez-vous exclusivement de vous. Gérez votre alimentation sans pour autant le faire savoir à vos compagnons de table. Même si les erreurs aberrantes qu'ils font devant vous réveillent vos réflexes de St-Bernard, ne cherchez pas à les aider s'ils ne sont pas demandeurs. En voulant les aider à leur insu, vous risquez de les rendre agressifs en leur donnant mauvaise conscience. Car bon nombre d'entre eux savent qu'ils sont dans l'erreur, mais ils savent aussi qu'ils n'ont aucune volonté pour en sortir.

Je vous ai déjà dit que la Phase II comportait une grande liberté notamment dans les choix, mais que c'était une « *liberté surveillée* », c'est-à-dire conditionnelle.

Gardez-vous sous surveillance en permanence. Ne soyez pas prisonnier de votre poids, mais mettez-vous en garde à vue à travers votre balance. Vous devez avoir une balance suffisamment sensible pour vous révéler avec précision le résultat de vos écarts. C'est par tâtonnements, en suivant toujours l'objectif de votre poids idéal, que vous parviendrez à rester équilibré. Si par malheur vous vous surprenez à dériver, ne changez pas de cap. Faites tout simplement la correction nécessaire pour reprendre le droit chemin. Vous verrez petit à petit vous passerez sans vous en rendre compte en pilotage automatique.

RÉSUMÉ DES PRINCIPES DE LA PHASE II

Continuez à ne pas mélanger les mauvais glucides et les lipides. Si vous y êtes contraint, essayez de n'en absorber qu'une quantité minimale en consommant beaucoup de fibres en même temps (salade par exemple).

Ne jamais manger ni sucre en morceau, ni sucre en poudre, ni miel, ni confiture, ni bonbons. Conserver l'usage d'un édulcorant si cela est nécessaire.

Ne pas manger de féculents, ou très exceptionnellement (sauf en ce qui concerne le riz complet ou sauvage, les pâtes complètes et les légumes secs).

Continuer à ne pas manger de pain au déjeuner et au dîner. Ne manger du pain (complet ou intégral) qu'au petit déjeuner.

Se méfier des sauces. Soyez certain qu'elles ne contiennent pas de farine.

Remplacer chaque fois que cela est possible le beurre par de la margarine au tournesol. Particulièrement au petit déjeuner.

Ne consommer que du lait écrémé.

Manger plutôt du poisson et privilégier les « bons » lipides pour prévenir les maladies cardio-vasculaires.

Faire très attention aux desserts. Ne manger que des fraises, des framboises et des mûres.

Manger modérément du chocolat, des sorbets, des glaces et de la crème chantilly.

Eviter si possible les pâtisseries à base de farine, de graisses et de sucre.

Choisir plutôt des mousses à base de fruits et d'œufs ou des crèmes peu sucrées (œufs au lait, crème anglaise).

Boire le moins possible en mangeant.

Ne jamais boire de boissons alcoolisées à jeun.

Eviter de boire des apéritifs et des digestifs. Cela doit rester très exceptionnel.

Boire de préférence du champagne ou du vin à l'apéritif, mais manger préalablement des crudités, du fromage, de la charcuterie ou des bâtonnets de crabe.

A table, boire de préférence de l'eau (non gazeuse) *ou du vin* (pas plus d'un demi-litre par jour).

Ne pas boire d'eau si l'on boit du vin.

Boire de l'eau en dehors des repas (environ un litre et demi par jour).

Attendre d'avoir suffisamment mangé pour commencer à boire du vin.

Ne jamais boire de sodas, colas et limonades.

Continuer à ne boire que du café décaféiné ou du café et du thé légers.

Répartir harmonieusement les écarts sur plusieurs repas.

153

EXEMPLES DE MENUS JOURNALIERS
EN PHASE II POUR CONSERVER
UN BON ÉQUILIBRE PONDÉRAL
ET INTÉGRER LES ÉCARTS

Journée n° 1

Petit déjeuner
Fruit
Pain complet
Margarine allégée *
Café décaféiné
Lait écrémé

Déjeuner
Avocat vinaigrette
Steack haricots verts
Crème caramel

Boisson : 2 verres de vin *

Dîner
Soupe de légumes
Omelette champignons
Salade verte
Fromage blanc égoutté

---

* petit écart.

Journée n° 2

Petit déjeuner	Jus d'orange Croissants + brioches ** Beurre Café + lait *
Déjeuner	Crudités (tomates + concombre) Filet de colin grillé Epinards Fromage Boisson : un verre de vin seulement
Dîner	Artichauts vinaigrette Œufs brouillés à la tomate Salade verte Boisson : eau

Journée n° 3

Petit déjeuner	Fruit Pain complet Margarine allégée * Café décaféiné Lait écrémé

** écart important.
* petit écart.

Déjeuner	Apéritif : apéricubes + 1 verre de vin blanc *
	Saumon fumé
	Gigot de mouton flageolets *
	Salade verte
	Fromage
	Mousse au chocolat *

Boisson : 3 verres de vin **

Dîner	Soupe de légumes
	Tomates farcies (voir recette)
	Salade verte
	Fromage blanc à 0 %

Boisson : eau

Journée n° 4

Petit déjeuner	Œufs brouillés
	Bacon
	Saucisse
	Café ou décaféiné + lait

Déjeuner	1 douzaine d'huîtres
	Thon grillé à la tomate
	Tarte aux fraises **

Boisson : 2 verrres de vin *

Dîner	Potage de légumes
	Gratiné de chou-fleur
	Salade verte
	Yogourt

Boisson : eau

Journée n° 5 (grand écart)

Petit déjeuner   Jus d'orange
Céréales au fromage blanc à 0 %
Café ou décaféiné + lait écrémé

Déjeuner   Foie gras *
Saumon grillé épinards
Fondant au chocolat amer **

Boisson : 3 verres de vin **

Dîner   Soufflé au fromage
Petit salé aux lentilles **
Fromage
Œufs à la neige *

Boisson : 3 verres de vin **

Note : la journée n° 5 n'est donnée qu'à titre d'exemple. En aucun cas elle ne constitue une recommandation, notamment en ce qui concerne la quantité de vin qui est excessive, puisque six verres excèdent largement le demi-litre, déjà considéré comme un maximum à ne pas dépasser dans une journée. Ce type d'écart devra donc rester très exceptionnel.

Journée n° 6 - Retour complet en phase I

Petit déjeuner   Pain complet
Fromage blanc à 0 %
Café ou décaféiné + lait écrémé

Déjeuner   Crudités (concombre,
champignons, radis)

	Colin poché sauce tomate Fromage Boisson : eau, thé ou tisane
Dîner	Soupe de légumes Jambon blanc Salade verte 1 yogourt

Journée n° 7

Petit déjeuner	Pain complet Fromage blanc Café ou décaféiné Lait écrémé
Déjeuner	Salade d'endives Entrecôte haricots verts Fraise Boisson : 1 verre de vin *
Dîner	Fruits : 1 orange, 1 pomme, 1 poire, 150 g de framboise Boisson : eau

Journée n° 8

Petit déjeuner	Pain complet Margarine allégée * Café ou décaféiné Lait écrémé

Déjeuner

Cocktail de crevettes
Thon aubergines
Salade verte
Fromage

Boisson : 2 verres de vin

Dîner

Potages de légumes
Plat de lentilles
Fraises

Boisson : 1 verre de vin *

CHAPITRE VI

L'HYPOGLYCÉMIE
LE MAL DU SIÈCLE

Nous avons déjà vu que le métabolisme est le processus de transformation des aliments en éléments vitaux pour le corps humain. Quand on parle, par exemple, du métabolisme des lipides, on désigne par là le processus de transformation des graisses.

L'objet principal de ce livre est en réalité l'étude du métabolisme des glucides et de ses conséquences.

Nous avons vu dans les chapitres précédents que l'insuline (hormone sécrétée par le pancréas) joue un rôle déterminant dans la métabolisation des glucides. La fonction basique de l'insuline est, en fait, d'agir sur le glucose contenu dans le sang de manière à le faire pénétrer dans les cellules et ainsi, d'assurer le fonctionnement des organes ainsi que la formation du glycogène musculaire et hépatique, et parfois des graisses de réserve.

L'insuline chasse donc le glucose (sucre) du sang, ce qui a pour conséquence de faire baisser le taux de sucre contenu dans le sang (glycémie).

Si la quantité d'insuline produite par le pancréas est trop forte et libérée trop fréquemment, si elle est, en fait, disproportionnée par rapport au glucose qu'elle doit aider à métaboliser, le taux de sucre contenu dans le sang va tomber à un niveau anormalement bas. On va se trouver, dans ce cas, en situation d'hypoglycémie.

L'hypoglycémie n'est donc pas toujours due à une carence en sucre dans l'alimentation, mais à une sécrétion trop importante d'insuline (hyperinsulinisme), secondaire à un abus préalable de sucre.

Si, par exemple, vous vous sentez tout à coup fatigué vers onze heures du matin, cela indique, dans la plupart des cas, que votre taux de sucre dans le sang est inférieur à la normale. Vous êtes en hypoglycémie.

Si vous ingérez un mauvais glucide sous la forme d'un petit gâteau sec, ou d'une friandise quelconque, vous allez très rapidement le métaboliser en glucose. La présence de glucose dans le sang va faire remonter le taux de sucre et vous allez, en effet, ressentir un certain bien-être. Mais la présence de glucose dans le sang va automatiquement déclencher une sécrétion d'insuline qui aura pour effet de faire disparaitre ce glucose et de restituer votre hypoglycémie avec un taux de sucre encore plus bas qu'au départ. C'est en fait le phénomène qui va déclencher le cercle vicieux conduisant immanquablement aux abus.

Un grand nombre de scientifiques expliquent d'ailleurs l'alcoolisme comme étant la conséquence d'une hypoglycémie chronique. Dès que l'alcoolique a son taux de sucre dans le sang qui baisse, il se sent mal et éprouve ainsi le besoin de boire. L'alcool se métabolisant très rapidement en glucose, le taux de sucre dans le sang augmente et le buveur ressent un immense soulagement. Malheureusement, cette impression de bien-être va très rapidement disparaître car l'insuline va s'efforcer de faire baisser le taux de sucre dans le sang encore plus bas.

Quelques minutes après avoir terminé son premier verre, l'alcoolique ressent donc un besoin plus fort encore d'en prendre un autre pour faire disparaître, malheureusement pour peu de temps, les effets insupportables de l'hypoglycémie. On comprend mieux ainsi le phénomène de manque.

Les adolescents, grands consommateurs de boissons très sucrées ont une courbe de glycémie en dents de scie proche de celle des alcooliques. C'est pourquoi les médecins américains ont constaté que cette situation pédisposait les jeunes à l'alcoolisme, qui sévit d'ailleurs de plus en plus dans les campus universitaires. Leur organisme est en quelque sorte préparé et presque conditionné à basculer du soda à l'alcool. Raison de plus pour attirer l'attention des parents sur les risques potentiels de l'abus de certains mauvais glucides.

Les symptômes de l'hypoglycémie sont les suivants :

— fatigue, « coup de pompe »,
— irritabilité,
— nervosité,
— agressivité,
— impatience,
— anxiété,
— bâillements, manque de concentration,
— maux de tête,
— transpiration excessive,
— mains moites,
— mauvais rendement scolaire,

- troubles digestifs,
- nausées,
- difficultés à s'exprimer.

La liste n'est pas exhaustive et pourtant elle est impressionnante. Mais faire de l'hypoglycémie ne veut pas dire pour autant que l'on présente tous ces symptômes. Cela ne veut pas dire non plus que ces symptômes apparaissent d'une manière permanente. Certains, en effet, sont très éphémères et peuvent disparaître dès que l'on mange. Vous avez tous remarqué, par exemple, que certaines personnes deviennent progressivement nerveuses, instables, agressives même, au fur et à mesure que l'heure habituelle de leur repas arrive.

Parmi ces symptômes, il en est un cependant, plus fréquent peut-être que les autres, que vous avez probablement remarqué sur vous-même et sur votre entourage, c'est *la fatigue*.

L'une des caractéristiques de notre époque est, en effet, la généralisation de la fatigue.

Plus ils dorment, plus ils ont des loisirs, du temps libre, des vacances, plus les gens sont fatigués. Le matin quand ils se lèvent, ils sont déjà « crevés ». En fin de matinée, ils n'en peuvent plus. En début d'après-midi ils dorment sur leur bureau. C'est le coup de pompe d'après déjeuner. En fin d'après-midi, ils épuisent leurs dernières ressources pour rentrer chez eux. Ils s'y traînent littéralement. Le soir, ils ne font rien, ils somnolent devant leur télévision. La nuit, ils cherchent le sommeil. Quant ils l'ont trouvé, il est temps de se lever et un nouveau cycle recommence. Alors on accuse le stress de la vie moderne, le bruit, les transports, la pollution, le manque de magnésium.

Et pour lutter contre ce phénomène, on ne sait que faire sinon boire du café fort, manger des vitamines en comprimés, des sels minéraux en gélules ou faire du yoga. La plupart du temps, la fatigue est un problème de glycémie et de déséquilibre alimentaire. Le taux de sucre dans le sang de nos contemporains est, chroniquement, anormalement bas. Et cette situation est la conséquence directe d'une alimentation excessive en mauvais glucides. Trop de sucre, trop de boissons sucrées, trop de pain blanc, trop de pommes de terre, de pâtes, de riz blanc et de biscuits qui entraînent une sécrétion excessive d'insuline.

Pendant longtemps, on a pu croire que seuls les sujets qui avaient tendance à grossir facilement, pouvaient être hypoglycémiques. De récentes études effectuées notamment aux Etats-Unis, ces dix dernières années ont montré que de nombreux maigres sont eux aussi victimes de l'hypoglycémie, étant donné leur consommation excessive de sucre et de mauvais glucides. La différence avec les autres se trouve au niveau du métabolisme, les autres grossissent, eux pas. Mais en ce qui concerne le taux de sucre dans le sang, le phénomène et ses conséquences sont les mêmes.

Ces études révèlent d'ailleurs que les femmes sont particulièrement sensibles aux variations glycémiques. Ce serait là, pense-t-on, une explication à leur changement fréquent d'humeur. Il est, en tout cas, prouvé que les dépressions postnatales sont la conséquence directe d'un état hypoglycémique lié à l'accouchement.

Si vous mettez sérieusement en pratique la méthode que je vous ai enseignée au chapitre précédent, vous pourrez très rapidement constater qu'en dehors de la perte de poids, il y a d'autres conséquences positives. *Vous retrouverez en effet, plus de joie de vivre, d'optimisme et de vitalité.* Si vous aviez des « coups de pompe », vous n'en aurez plus. Vous retrouverez un réel renouveau physique et mental.

Car en supprimant la consommation de sucre et en limitant celle des mauvais glucides, ce qui par voie de conséquence supprime toute sécrétion excessive d'insuline, le taux de sucre dans le sang se stabilise à son niveau idéal. *L'organisme petit à petit retrouve ses instincts qui consistent à fabriquer lui-même le sucre dont il a besoin à partir des graisses de réserve.* C'est à cette seule condition que le maintien d'un taux optimal est assuré.

Selon les scientifiques et les médecins, avec lesquels j'ai travaillé, l'hypoglycémie serait l'une des maladies les plus mal diagnostiquées. Car les symptômes sont si nombreux et variés que les médecins généralistes ne l'admettent que très rarement. L'une des raisons est, semble-t-il, une mauvaise information sur un sujet dont l'enseignement en médecine semble occuper quelques heures sur des années de programme.

Mais le meilleur moyen de savoir si l'on est ou pas hypoglycémique, c'est de mettre en pratique les règles alimentaires énoncées dans le précédent chapitre. Moins d'une semaine après le commencement, vous constaterez avec enthousiasme l'amélioration phénoménale de votre « forme ». Vous découvrirez « cette vitalité que vous avez en vous », qui malgré la consommation assidue de l'eau minérale adéquate, n'avait pu jusqu'alors entièrement s'exprimer.

Beaucoup de fatigues inexpliquées peuvent trouver leur origine dans un état de sub-carence en vitamines, en sels minéraux et en oligo-éléments. Les adeptes des régimes hypocaloriques sont carencés en micronutriments, en raison des faibles quantités d'aliments ingérées. Le phénomène est accentué par le fait que les sols, trop sollicités, se sont appauvris.

Aussi pour être en forme, faut-il manger des fruits, des légumes, des céréales complètes, du pain intégral et consommer un peu d'huiles végétales.

On est ainsi sûr d'obtenir une ration correcte de micronutriments, garants d'un fonctionnement optimal de l'organisme.

CHAPITRE VII

LA DIGESTION

Peut-être seriez-vous tenté de passer outre la lecture de ce chapitre, en pensant que l'essentiel de ce que vous vouliez savoir en lisant ce livre, a été couvert dans les pages précédentes.

Si telle était votre intention, laissez-moi vous en dissuader car vous risqueriez de vous priver d'une information extrêmement intéressante.

Non seulement vous allez enfin découvrir les raisons pour lesquelles vous avez pu rencontrer certains problèmes gastro-intestinaux, mais aussi et surtout vous saurez désormais comment les éviter à l'avenir.

C'est vrai que la digestion est un sujet technique, ce qui peut *a priori* rebuter. Pour ma part, je m'en tiendrai volontairement à une présentation simplifiée, mais en respectant l'essentiel de ce que l'on doit savoir pour comprendre parfaitement les mécanismes de la digestion.

ASPECT TECHNIQUE DE LA DIGESTION

La digestion est le processus physiologique qui conduit à la métabolisation des aliments. Elle

169

comporte un aspect physique ou mécanique et surtout, puisque c'est ce qui nous intéresse ici, un aspect
chimique. On distingue quatre étapes principales
dans la digestion :

1 - la bouche
2 - l'estomac
3 - l'intestin grêle
4 - le gros intestin (côlon)

1° La bouche

● *Rôle mécanique*

— mastication
— déglutition

● *Rôle chimique*

— secrétion salivaire.

La salive contient un enzyme [1] très important
appelé *ptyaline*, dont la propriété est de transformer
l'amidon en *maltose*, c'est-à-dire en sucre complexe,
dont la digestion se prolongera jusque dans l'intestin.

En réalité il ne se passe pas grand-chose dans la
bouche, sinon la formation du bol alimentaire. Seul
l'amidon y commence son processus de transformation sous l'effet de la ptyaline. D'où l'importance
d'une mastication suffisante et d'un bon état de la
dentition.

---

1. Un enzyme est un catalyseur. On sait que de nombreuses substances ne
se mélangent pas entre elles. Il faut pour cela utiliser une troisième substance
dont la seule présence déclenche la combinaison ou la réaction. C'est cette
troisième substance que l'on appelle catalyseur.

2° L'estomac

● *Le rôle mécanique*

Comme pour l'intestin, il est purement péristaltique. C'est-à-dire que l'estomac est, au moment de la digestion, animé de contractions musculaires dont la finalité est l'évacuation de son contenu dans les intestins.

● *Le rôle chimique*

L'estomac va d'abord sécréter des sucs digestifs (acide chlorhydrique, mucine) pour créer un milieu acide et permettre ainsi à la *pepsine* (l'enzyme diastase de l'estomac) de jouer son rôle.

La pepsine va s'attaquer aux protéines (viandes et poissons) et commencer leur transformation.

Les lipides (graisses) font l'objet d'un début d'hydrolyse qui se poursuivra dans l'intestin.

3° L'intestin grêle

● *Action mécanique*

– péristaltique.

● *Action chimique*

L'amidon, devenu maltose, se transforme grâce aux enzymes de sécrétion pancréatique en glucose (sucre simple).

Les lipides sont transformés en acides gras.

Les protéines sont transformées en acides aminés.

Si tout s'est parfaitement bien passé dans l'intestin grêle, les substances nutritives transformées vont pouvoir être directement assimilées par l'organisme.

Le glucose (ex-glucide), les acides aminés (ex-protéines) et les acides gras (ex-lipides) vont être assimilés par libération dans le sang.

4° Le gros intestin (colon droit, ascendant, transverse, gauche et descendant)

● *Action mécanique :*

— péristaltique.

● *Action chimique*

Les bactéries contenues dans le gros intestin ont essentiellement pour mission d'agir par *fermentation* sur les restes d'amidon et de cellulose, et par *putréfaction* sur les résidus protéiques. Il y a, à ce stade, absorption d'éléments assimilables et constitution des matières fécales, avec production éventuelle de gaz.

LES MÉLANGES ALIMENTAIRES

Lorsque l'homme des cavernes partait à la chasse, il se nourrissait durant la journée des fruits sauvages qu'il récoltait en chemin. De retour chez lui, il consommait la viande du gibier qu'il avait tué. Pendant les périodes difficiles ou en cas de pénurie de viande, il subsistait en mangeant certaines racines. Si l'on observe la manière avec laquelle se nourrissent les animaux en liberté dans la nature, on peut remarquer qu'eux aussi ne mélangent jamais les différents aliments qu'ils consomment. Les oiseaux, par exemple, mangent les vers et les insectes à un moment de la journée et les graines à un autre moment. L'homme est le seul être vivant à consommer ses aliments après les avoir mélangés. C'est, semble-t-il, une des raisons essentielles pour lesquelles il présente aussi souvent des troubles intestinaux.

Ces troubles intestinaux, dus à une digestion, constamment perturbée, sont d'ailleurs très souvent à l'origine d'un grand nombre de maladies, sans que l'on puisse pour autant toujours établir clairement le lien de cause à effet.

Je me garderai bien de faire ici une analyse détaillée de toutes les combinaisons alimentaires possibles et de montrer dans chaque cas de figure leurs conséquences éventuelles. Ce n'est pas tout à fait l'objet de ce livre et je laisse le soin à de meilleurs spécialistes en physiologie que moi de le faire.

Je me contenterai simplement de vous donner une idée suffisante du phénomène, pour vous permettre de mieux comprendre certains effets secondaires *positifs*, que vous constaterez après avoir mis en application la méthode de gestion alimentaire, proposée dans ce livre.

Vous vous souvenez certainement (voir Chapitre V) de l'une de mes recommandations : « les fruits, d'une manière générale, ne doivent pas être combinés avec autre chose ».

Les fruits, en effet, lorsqu'ils sont pris en association avec d'autres aliments, perturbent la digestion de l'ensemble et perdent du même coup la plupart des propriétés bénéfiques (vitamines, etc.) pour lesquelles ils ont été ingérés.

Mais pour que cela ne reste pas une affirmation gratuite de ma part et puisque vous connaissez maintenant l'essentiel du processus de la digestion.

Combinaison fruit-amidon

Le fruit qui contient du fructose (monosaccharide ou sucre simple), séjourne très peu dans l'estomac car il est digéré presque entièrement dans l'intestin grêle.

En revanche, l'amidon (farine, féculents, etc.) commence son métabolisme dans la bouche où grâce à l'action de la ptyaline, l'enzyme de la salive, il se transforme en maltose. Puis il séjourne quelque temps dans l'estomac pour être ensuite complètement « digéré » dans l'intestin grêle. On sait, en effet, que grâce à la maltase (enzyme de sécrétion pancréatique), le maltose est transformé en glucose, directement assimilable par le sang.

Si l'on mange le fruit en même temps que l'amidon, il se produit le phénomène suivant :

l'acidité du fruit va détruire la ptyaline qui, de ce fait, ne pourra jouer son rôle de catalyseur pour l'amidon. Au lieu de passer directement dans l'intestin, le fruit va séjourner avec l'amidon dans l'estomac. La chaleur et l'humidité de l'estomac aidant, le fruit qui contient un sucre simple, va se mettre à fermenter. Cette fermentation du fruit va se poursuivre dans l'intestin, entraînant avec elle celle de l'amidon qui, malgré l'action de l'amylase (autre enzyme de sécrétion pancréatique), ne se transformera que très imparfaitement en maltose, puis en glucose. L'amidon non transformé va se mettre à son tour à fermenter jusque dans le côlon.

Conséquences de tout cela :

— ballonnement,
— production de gaz,
— irritation intestinale,
— détériorations des vitamines du fruit,
— risque de constipation, etc.

Combinaison fruit-protéines (viande, poisson)

La première phase de la digestion des protéines se fait dans l'estomac, grâce au rôle actif d'un enzyme diastase, appelé *la pepsine,* qui se développe du fait du milieu acide créé par les sucs gastriques.

On serait en droit de penser que, si la pepsine ne se développe qu'en milieu acide, l'ingestion de fruits acides devrait, elle aussi, pouvoir se faire harmonieusement avec les protéines. Et bien il n'en est rien ! Car dès l'instant où l'acidité, inhérante au fruit, se développe dans la bouche, cela provoque une perturbation des conditions d'élaboration de la pepsine, dont la sécrétion est stoppée.

En conséquence, si l'on combine l'ingestion de fruits et de protéines, le fruit (comme dans le premier exemple) va se trouver immobilisé (pendant plus longtemps encore qu'avec l'amidon) dans l'estomac, où il va se mettre à fermenter. En l'absence de pepsine, les protéines ne commenceront pas leur digestion dans l'estomac et, par suite de cette insuffisance de métabolisation, elles feront l'objet, dans le gros intestin, d'une putréfaction anormale, dont les résidus toxiques devront être éliminés par l'organisme.

L'une des règles de base de la méthode alimentaire exposée dans ce livre (avec pour objectif de perdre du poids ou de ne pas en reprendre) est d'éviter de manger des mauvais glucides avec de la viande (protéines/lipides).

J'ai personnellement souffert de troubles gastro-intestinaux pendant plusieurs dizaines d'années. J'ai vu pour cela les plus grands spécialistes de notre pays. A chaque fois, je suis sorti de leur cabinet avec une liste impressionnante de médicaments qui, non seulement n'apportaient aucune amélioration, mais dont certains provoquaient même chez moi des effets secondaires pires que le mal dont je souffrais.

Mes interlocuteurs, avec lesquels j'avais souvent dû prendre rendez-vous plusieurs mois à l'avance, avaient beaucoup de mal à contenir leur embarras, lorsque je leur expliquais que je perdais mes cheveux depuis l'âge de dix-huit ans, alors qu'il n'y avait pas de chauve dans ma famille et surtout que je me mettais à transpirer abondamment de la tête, dès que je commençais à boire ou à manger.

J'ai finalement renoncé un jour à trouver la solution, tant mon problème était énigmatique pour ces messieurs de la Faculté. Avec un peu de volonté et beaucoup de philosophie, on s'habitue à tout. Et puis, comme par enchantement, tous ces symptômes ont, il y a quelques années, subitement disparu. Vous savez pourquoi ?

Ce n'est qu'un peu plus tard, lorsque j'entrepris l'étude approfondie de la nutrition, qu'à ma grande surprise je pus faire le lien entre les nouvelles règles alimentaires que j'avais adoptées et la *disparition totale* des maux dont je souffrais.

D'autre part, depuis ma plus tendre enfance, je souffrais d'angines chroniques. Le moindre courant d'air, la plus petite différence de température se soldaient invariablement pour moi par une angine. Il ne se passait pas un mois de l'année sans que ma gorge ne me fasse souffrir.

Etant quasiment allergique à la pénicilline, j'avais obligatoirement recours à des médecines moins efficaces et particulièrement aux remèdes de bonnes femmes.

Je devais avoir dix ou onze ans, lorsque, par une magnifique journée d'été, alors que j'étais au fond de mon lit, un vieux médecin de campagne me dit en mettant ses gros doigts dans ma bouche : « Le meilleur traitement pour l'angine, c'est de manger du camembert bien fait et de se gargariser abondamment la gorge au vieux bordeaux. »

Cela n'était pas tombé dans l'oreille d'un sourd. Et mes amis étudiants se souviennent très certainement que, quelques années plus tard, je ne me déplaçais que très rarement sans mon fromage et ma bouteille de vin rouge. C'était en effet une médecine particulièrement efficace. Et, bien que la Sécurité Sociale n'intervînt pas dans le remboursement, le plaisir du traitement était, somme toute, une acceptable compensation.

Très peu de temps après avoir commencé sérieusement à suivre les principes alimentaires qui font l'objet de ce livre, mon entourage me fit remarquer qu'il y avait longtemps que je n'avais pas eu d'angine. Il était trop tôt encore pour y voir un lien de cause à effet. Mais, après quelques années c'était devenu pour moi une évidence car mon angine chronique avait complètement disparu, ce qui ne veut pas dire pour autant, mais vous l'aviez compris, que le camembert et le vieux bordeaux aient été remisés pour toujours dans l'armoire à pharmacie.

L'abus des graisses

Lorsqu'un repas pénètre dans l'estomac, son orifice de sortie, le pylore, se ferme pour laisser le temps à la digestion de s'accomplir. L'ouverture du pylore se fera d'autant plus tardivement que le repas sera riche en lipides. Ainsi, il faudra parfois cinq à sept heures pour digérer complètement un repas trop riche en graisses, ce qui peut entraîner une sensation de pesanteur et de lourdeur désagréable.

Raison de plus pour ne pas alourdir notre alimentation en graisses inutiles. On devra donc choisir le plus souvent possible les modes de cuisson ne nécessitant pas l'apport de graisses. On peut faire cuire des aliments sans utiliser systématiquement de l'huile ou de la margarine. Quant au beurre, rappelons qu'il ne doit jamais être chauffé, car rapidement se forme de l'acroléine, substance cancérigène.

Choisir ses glucides n'impose pas de compenser par une consommation excessive de lipides, il faut savoir utiliser l'alternative que constituent les fibres.

Il faut aussi avoir conscience que bien des aliments contiennent des graisses cachées (biscottes, pâtisserie, biscuiterie, etc.) qui, associées à de mauvais glucides, ne demandent qu'à être stockées.

CHAPITRE VIII

HYPERCHOLESTÉROLÉMIE
MALADIES CARDIO-VASCULAIRES
ET DIÉTÉTIQUE

L'objet principal de ce livre est d'apprendre à changer ses habitudes alimentaires pour perdre l'excédent de poids que l'on peut avoir et faire en sorte que l'on se stabilise définitivement, tout en mangeant de tout sans restriction.

Nous avons vu, dans les chapitres précédents, que la consommation de lipides n'était responsable de la constitution de graisses de réserve que lorsqu'ils étaient consommés en même temps que des glucides et notamment des mauvais glucides.

D'aucuns pourraient ainsi penser qu'ils peuvent manger impunément toutes les graisses qu'ils veulent, pour autant qu'elles ne se trouvent pas dans une combinaison alimentaire interdite.

Il n'en est rien naturellement, et nous avons pris la précaution d'en faire la remarque à chaque fois que nous en avons eu l'occasion.

Changer ses habitudes alimentaires pour maigrir, c'est bien, mais il est important aussi de le faire dans un but prophylactique, avec pour perspective supplémentaire d'améliorer son état de santé.

On m'a reproché, dans la première version de mon livre, d'avoir passé sous silence le cholestérol. J'avais pourtant, à l'origine, l'intention d'en parler et pour cela j'avais contacté plusieurs spécialistes. Aucun d'entre eux n'ayant tenu rigoureusement le même discours, et n'étant moi-même pas médecin, il ne me paraissait pas raisonnable d'en choisir un en particulier, même si mon expérience personnelle m'avait permis de me faire une idée sur la question.

Aujourd'hui, c'est-à-dire cinq ans plus tard, le problème du cholestérol fait l'objet d'un consensus et le nombre de publications qui ont été faites sur le sujet est impressionnant.

Le cholestérol est, par ailleurs, devenu l'une des grandes préoccupations de notre époque étant donné son implication dans les maladies cardio-vasculaires. Il est donc important de faire ici un point sur la question.

UN FAUX INTRUS

Le cholestérol n'est pas un intrus. Il s'agit même d'une substance indispensable à la formation d'un certain nombre d'hormones. Le corps en contient environ 100 g, répartis entre les tissus du système nerveux, les nerfs et les différentes cellules.

Il est en grande partie synthétisé par l'organisme, la bile, notamment, en déverse 800 à 1 200 mg/j dans l'intestin grêle.

Celui qui nous préoccupe généralement est d'origine alimentaire, bien qu'il soit minoritaire.

LE BON ET LE MAUVAIS

Le cholestérol ne se trouve pas isolé dans le sang, car il est fixé sur des protéines. Il en existe deux catégories :

— les lipo-protéines de faible densité ou LDL (Low Density Lipoproteins) qui distribuent le cholestérol aux cellules et notamment à celles des parois artérielles qui sont victimes de ces dépôts graisseux. C'est pourquoi le LDL-cholestérol a été baptisé « le mauvais cholestérol », car il recouvre, à la longue, l'intérieur des vaisseaux qui s'encrassent.

Cette obstruction des artères peut entraîner un accident cardio-vasculaire :

● une artérite des membres inférieurs,

● une angine de poitrine ou un infarctus du myocarde,

● un accident vasculaire cérébral pouvant entraîner éventuellement une paralysie ;

— les lipo-protéines de haute densité ou HDL (High Density Lipoproteins) qui conduisent le cholestérol au foie pour qu'il y soit éliminé.

On a appelé le HDL-cholestérol le « bon cholestérol », car il ne fait l'objet d'aucun dépôt vasculaire. Il a, au contraire, la propriété de nettoyer les artères de ses dépôts athéromateux. On comprend ainsi que plus le taux de HDL est élevé, plus le risque d'accident cardio-vasculaire diminue.

LES DOSAGES SANGUINS

Les normes actuelles sont beaucoup moins laxistes que celles qui ont prévalu pendant de nombreuses années. Trois notions doivent être retenues :

— le cholestérol total (HDL + LDL) doit être inférieur ou égal à 2 grammes par litre de sang,

— le LDL-cholestérol doit être inférieur à 1,30 g/l,

— le HDL-cholestérol doit être supérieur à 0,45 g/l chez l'homme et 0,55 g/l chez la femme.

LES RISQUES CARDIO-VASCULAIRES

Les risques cardio-vasculaires sont multipliés par deux si le taux de cholestérol est de 2,2 g/l et par quatre s'il est supérieur à 2,60 g/l.

Mais on a pu observer que 15 % des infarctus survenaient chez des sujets ayant un pourcentage de cholestérol total inférieur à 2 g/l. C'est pourquoi, cette notion n'a qu'une signification toute relative.

Ce qui est le plus important, c'est le dosage LDL et HDL, mais aussi et surtout le rapport entre le cholestérol total et les HDL, celui-ci devant impérativement être inférieur à 4,5.

45 % des français ont des taux supérieurs à la normale et environ 8 millions de nos concitoyens ont un cholestérol total supérieur à 2,50 g/l. Or, quand on sait que faire baisser le cholestérol de 12,5 % permet de diminuer de 19 % le taux d'infarctus du myocarde, on a intérêt à prendre cette question très au sérieux.

TRAITEMENT DIÉTÉTIQUE

En cas d'hypercholestérolémie, le médecin pourra prescrire certains médicaments, mais cela doit rester un ultime recours. Une bonne gestion de son alimentation sera, dans la plupart des cas, suffisante. Voici donc les conseils que vous pouvez suivre à la fois pour faire diminuer votre cholestérol, s'il est trop élevé, et pour vous en prémunir.

1° Perdre du poids

On a pu constater que l'amaigrissement conduisait, dans la plupart des cas, à une amélioration de tous les paramètres biologiques. La diminution du taux de cholestérol est certainement celle qui va apparaître le plus vite, à condition toutefois de ne pas faire l'erreur de consommer en excès des mauvais lipides.

2° Limiter l'apport alimentaire en cholestérol

Les aliments contiennent un taux variable de cholestérol. Le jaune d'œuf, les abats et la levure de bière en renferment beaucoup.

L'OMS (Organisation Mondiale de la Santé) a pendant longtemps préconisé de ne pas dépasser un apport journalier de 300 mg.

Or des travaux récents ont montré que paradoxalement cet aspect de la diététique était très secondaire. Un apport alimentaire de 1 000 mg de cholestérol par jour n'entraînerait qu'une augmentation de 5 % environ de la cholestérolémie.

On pourra donc négliger la quantité de cholestérol contenue dans les aliments. Il faudra, en revanche, tenir compte du degré de saturation des acides gras ingérés.

3° Il faut choisir ses lipides

Nous avons vu dans le chapitre II, sur la classification des aliments, que les graisses devaient être classées en trois catégories :

— *les graisses saturées* que l'on trouve dans la viande, les charcuteries, les volailles, les œufs, le lait, les laitages et le fromage.

Ces graisses augmentent le taux de cholestérol total et surtout le LDL-cholestérol qui se dépose sur les parois artérielles, favorisant ainsi les accidents vasculaires.

De récentes publications montrent cependant que les œufs auraient un effet beaucoup moins important que ce que l'on a cru pendant longtemps.

Quant aux volailles, si l'on exclut la peau, leur taux de graisse saturée est faible. Leur consommation aurait donc peu d'effet sur l'élévation de la cholestérolémie.

— *Les acides gras polyinsaturés d'origine animale*

Ce sont essentiellement les acides gras contenus dans les graisses de poisson.

On a longtemps pensé que les esquimaux, qui consomment une nourriture composée à 98 % de graisses de poissons, ne connaissaient pas les mala-

184

dies cardio-vasculaires pour des raisons génétiques. On s'est par la suite rendu compte que c'était précisément la nature de leur nourriture qui constituait le meilleur facteur de prévention.

La consommation de graisses de poisson entraîne en effet une importante baisse des triglycérides et prévient les thromboses.

On comprend ainsi que, contrairement à ce que l'on a pu croire pendant longtemps, plus le poisson est gras plus il a une action bénéfique sur le plan cardio-vasculaire. Il faut donc encourager la consommation de saumon, de thon, de sardines, de maquereaux, d'anchois et de harengs.

— *Les acides gras monoinsaturés*

Leur chef de file est l'acide oléique que l'on trouve notamment dans l'huile d'olive.

On peut dire que l'huile d'olive est le champion toute catégorie des graisses qui ont une action bénéfique sur le cholestérol. Elle est en effet la seule qui réussisse à faire baisser le mauvais cholestérol (LDL) et à faire augmenter le bon (HDL).

Certains auront compris que le thon à l'huile d'olive devient ainsi un vrai passeport contre les problèmes circulatoires.

4° Il faut augmenter sa ration de fibres alimentaires

La présence des fibres dans le tube digestif améliore en effet le métabolisme des lipides.

On a pu notamment remarquer que la consommation de pectine (en mangeant des pommes) entraînait une baisse sensible du taux de cholestérol, ce qui est aussi le cas de toutes les fibres solubles, telles que la gomme guar, extraite des cosses de haricot, ou celle qui est contenue dans les algues.

5° Il faut limiter sa consommation de café

Des études faites aux USA et en Norvège ont montré qu'au-delà de six tasses de café par jour, on a une augmentation très nette du cholestérol total et une légère baisse des HDL. Cet effet négatif n'étant pas dû à la caféine, boire du café décaféiné ne constitue pas une alternative.

6° On peut boire un peu de vin

Le Professeur Masquelier a en effet isolé dans le vin une molécule, la « procyanidine », qui a l'avantage de faire baisser le cholestérol total.

La Crète, dont la population consomme du vin et beaucoup d'huile d'olive, est la région d'Europe où le taux de maladies cardio-vasculaires est le plus bas.

Néanmoins, il ne faut pas dépasser trois verres, par jour, d'un vin riche en tanin.

7° Il faut améliorer son hygiène de vie

Le stress, le tabagisme et la sédentarité ont eux aussi une action négative sur le cholestérol. Une meilleure hygiène de vie s'impose donc non seulement en tant que mesure curative, mais aussi préventive.

RÉSUMÉ DES MESURES
À METTRE EN ŒUVRE
POUR CEUX QUI ONT
UNE HYPERCHOLESTÉROLÉMIE

– Perdre du poids, si vous ête obèse.
– Diminuer votre consommation de viande (Max. 150 g/j).
– Choisir des viandes peu grasses (cheval, bœuf maigre).
– Les remplacer parfois par des volailles (sans la peau).
– Eviter la charcuterie et les abats.
– Préférer les poissons (Min. 300 g/semaine).
– Manger peu de beurre (Max. 10 g/j).
– Limiter sa consommation de fromage.
– Prendre du lait écrémé et des laitages à 0 % de matières grasses.
– Augmenter sa consommation de fibres (fruits, céréales, légumes).
– Majorer sa consommation d'acides gras mono et polyinsaturés végétaux (olive, tournesol, colza).
– Assurer un apport suffisant en vitamines A et E, en sélénium et en chrome.
– Ne pas abuser du café.
– Boire (éventuellement) du vin riche en tanin (Max. 1/2 bouteille/jour).
– Contrôler son stress.
– Pratiquer éventuellement un sport d'endurance.
– Cesser de fumer.

CHAPITRE IX

LE SUCRE
EST UN POISON

Le sucre est un poison ! Les dégâts qu'il fait sur l'homme du xxᵉ siècle sont aussi importants que l'alcool et le tabac réunis. Tout le monde le sait. Tous les médecins du monde le dénoncent. Il n'est pas un colloque de pédiatres, cardiologues, psychiatres et dentistes qui ne mentionne les dangers du sucre et particulièrement les dangers d'une consommation qui augmente selon un rythme exponentiel.

Dans l'Antiquité, le sucre, en tant que tel, n'existait pratiquement pas. A telle enseigne que les Grecs n'avaient même pas de mot pour le désigner.

Alexandre le Grand qui, vers 325 av. J.C. avait poussé sa conquête du monde jusque dans les plaines de l'Indus, le décrivait comme « une sorte de miel que l'on trouve dans les cannes et les roseaux qui poussent au bord de l'eau ».

Pline l'Ancien, au premier siècle de notre ère, le mentionnait aussi comme le « miel de la canne ».

Il fallut attendre l'époque de Néron pour que le mot saccharum soit créé pour désigner ce produit exotique.

C'est au VIIe siècle que la culture de la canne à sucre commence à apparaître en Perse et en Sicile. Petit à petit, les pays arabes y prennent également goût.

Un savant allemand, le docteur Rauwolf, remarque dans son journal, en 1573, que les « Turcs et les Maures ne sont plus les guerriers intrépides qu'ils avaient été jadis depuis qu'ils mangent du sucre ».

C'est, en fait, à l'occasion des Croisades que la canne à sucre est découverte par l'Occident. Les Espagnols en tenteront peu après la culture dans le sud de leur pays.

C'est à partir de la conquête du Nouveau Monde et du trafic triangulaire que le commerce du sucre devient un enjeu économique. Le Portugal, l'Espagne et l'Angleterre s'enrichissent en échangeant la matière première contre des esclaves, dont le travail allait pouvoir précisément contribuer au développement de la culture de la canne à sucre. La France, en 1700, avait déjà de nombreuses raffineries.

Mais c'est la défaite de Trafalgar en 1805 et le Blocus continental, qui s'installe ensuite, qui poussent Napoléon, contrairement aux recommandations des scientifiques de l'époque, à développer la production de la betterave. Celle-ci ne fut véritablement possible qu'après la découverte, en 1812, du procédé d'extraction par Benjamin Delessert.

Quelques dizaines d'années plus tard, il y avait déjà surproduction de sucre en France, mais sa consommation n'en avait pas pour autant été développée par rapport à ce que nous connaissons aujourd'hui.

En 1880, la consommation de sucre était par personne et par an de 8 kg [1], ce qui représente environ cinq morceaux de sucre par jour. Vingt ans plus tard, en 1900, elle a plus que doublé puisqu'on atteint 17 kg. En 1960, on est à 30 kg et en 1972, à 38 kg. En deux siècles, la consommation de sucre des Français est passée de moins d'un kilo à près de quarante.

En trois millions d'années, jamais l'homme n'a connu une transformation aussi brutale de son alimentation dans un laps de temps aussi court.

Et pourtant les Français sont loin d'être les plus mal lotis dans ce domaine. Les pays anglo-saxons connaissent, en effet, une situation plus dramatique encore puisque leur consommation, et particulièrement celle des Etats-Unis, tourne autour de 62 kg par habitant. D'après les statistiques les plus récentes, cette consommation de sucre est, malgré les cris d'alerte, sur une pente ascendante [2].

Mais ce qui est le plus inquiétant, c'est que la proportion de « sucre caché » [3] qu'elle représente, augmente beaucoup plus rapidement. En 1970, la proportion de sucre ingéré indirectement (boissons, friandises, conserves, etc.) était de 58 %. En 1975, elle est passée à 63 %.

Cela révèle, en fait une situation trompeuse. Car avec l'introduction des édulcorants de synthèse et l'attitude très ferme du corps médical, la consommation

---

1. En 1789, c'est-à-dire un siècle auparavant, elle était encore très inférieure à 1 kg par an et par personne.
2. Ce n'est pas le cas de la France qui, ces dernières années, a fait de nombreux efforts. En 1978 la consommation était passée à 37 kg par habitant. Souhaitons que cette lente décélération se confirme.
3. Le sucre caché est celui qui est rajouté aux boissons ou aux aliments vendus dans le commerce.

directe de sucre (en morceau ou en poudre) tend à stagner, sinon à diminuer.

En revanche, comme nous l'avons signalé plus haut, c'est la consommation indirecte qui est très préoccupante ; celle-ci touche particulièrement les enfants et les adolescents. Sachez par exemple qu'un verre de 150 ml de soda ou de cola représente quatre morceaux de sucre. Sachez d'autre part que le goût sucré s'identifie d'autant moins facilement que le liquide est glacé.

L'attirance pour les boissons sucrées (sodas, limonades, colas) est maintenant parfaitement intégrée dans les comportements alimentaires. Les sociétés qui les fabriquent, sont de très puissants trusts multinationaux et l'impact publicitaire qu'elles ont, est absolument phénoménal. Il est même effrayant de voir comment elles ont pu s'installer dans des pays sous-développés, où les besoins alimentaires primaires de la population ne sont parfois même pas assurés.

La consommation des crèmes glacées et autres « esquimaux » qui autrefois étaient exceptionnellement achetés à l'occasion d'une fête ou d'une sortie, a été en quelque sorte banalisée avec la généralisation du congélateur. L'installation de distributeurs automatiques de friandises dans tous les lieux publics représente aussi une incitation permanente à la consommation. Et l'acquisition de ces friandises est d'autant plus facile et tentante qu'elle est relativement bon marché. On peut dans un supermarché acheter aujourd'hui un sachet d'un kilo de bonbons pour quelques francs. La sollicitation du consommateur potentiel est ainsi omniprésente et permanente. Y résister relève presque de l'acte d'héroïsme.

Il est banal de dire que le sucre est responsable d'un grand nombre de maladies. Tout le monde semble le savoir, mais ce n'est pas pour autant que l'on change nos comportements alimentaires et encore moins ceux de nos enfants.

Le sucre est le principal responsable des maladies cardiovasculaires. Le docteur Yudkin cite le cas des tribus Massaï et Samburu, dans l'Est africain, dont l'alimentation, d'ailleurs très riche en graisses est pratiquement dépourvue de sucre. Le taux des maladies coronariennes, dans ces tribus, est pratiquement inexistant. En revanche, les habitants de l'île de Sainte-Hélène qui consomment beaucoup de sucre et peu de graisses connaissent un taux de maladies coronariennes très élevé.

La carie dentaire, qui est liée à une consommation excessive de sucre, est à ce point répandue dans les pays occidentaux que l'O.M.S. [4] classe les maladies bucco-dentaires au troisième rang des fléaux de santé des pays industrialisés, après les maladies cardiovasculaires et le cancer.

Quand on associe sucre et maladie, on pense naturellement au diabète. Mais on a tort de croire que le diabète ne touche que ceux qui ont des facteurs héréditaires. Tous les diabétiques adultes ne sont pas obèses, mais c'est généralement le cas. Allez aux Etats-Unis dans un lieu public, vous serez effaré par les « monstruosités » que vous y rencontrerez. Vous aurez ainsi une idée claire de ce que seront dans vingt ans les petits Français d'aujourd'hui.

D'autre part, des études scientifiques font la démonstration que la consommation excessive de

---

4. O.M.S. : Organisation Mondiale de la Santé.

sucre est à l'origine de nombreuses maladies men-
tales.

On comprendra en tout cas facilement, à la lumière
des chapitres précédents, que le sucre, qui est en fait
un produit chimique pur, peut être à l'origine de l'hypoglycémie, perturbe le métabolisme d'une manière
générale et provoque ainsi de trop nombreux troubles
digestifs.

Enfin, et pour en terminer avec cette liste noire, il
faut savoir que le sucre provoque un déficit en
vitamine B. Cette vitamine est, en effet, nécessaire en
grande quantité pour l'assimilation de tous les glucides. Le sucre, de la même façon que tous les amidons raffinés (farine blanche, riz blanc, etc.) est
complètement dépourvu de vitamine B. Il va donc
obliger l'organisme à aller puiser cette vitamine dans
ses réserves, créant ainsi un déficit dont les conséquences sont généralement : neurasthénie, fatigue,
dépression, difficulté de concentration, de mémoire
et de perception.

Voilà en tout cas un domaine que l'on devrait plus
souvent explorer pour les enfants qui ont des difficultés scolaires.

LES ÉDULCORANTS DE SYNTHÈSE

Je vous ai déjà recommandé de supprimer le sucre.
Il est bien évident qu'on ne pourra jamais l'éviter lorsqu'il est caché, ce qui est le cas dans les desserts. Mais
si vous parvenez à supprimer le sucre en poudre et
en morceaux ce sera un très grand pas de fait.

De deux choses l'une, soit vous vous en passez, soit
vous le remplacez par un édulcorant de synthèse.

Il y a en gros quatre types principaux d'édulcorants de synthèse. Tous, sauf les polyols, ont la propriété de ne présenter aucun pouvoir énergétique. Ils ne possèdent donc aucune valeur nutritive.

1° La saccharine

C'est le plus ancien des substituts du sucre puisqu'il a été découvert en 1879. Il n'est pas du tout assimilé par l'organisme humain et a un pouvoir sucrant qui est de 350 fois supérieur à celui du saccharose du sucre. Certains présentent l'avantage d'être très stables en milieu acide et de pouvoir supporter une température moyenne. Ce fut l'édulcorant de synthèse le plus commercialisé jusqu'à l'apparition de l'aspartam.

2° Les cyclamates

Ils sont beaucoup moins connus que les précédents bien que leur découverte remonte à 1937. Ils sont synthétisés à partir du benzène et ont un pouvoir sucrant inférieur à la saccharine et sont parfois accusés d'avoir un arrière-goût.

Les cyclamates présentent cependant l'avantage d'être complètement thermostables, c'est-à-dire qu'ils résistent à de très hautes températures. Le plus utilisé est le cyclamate de sodium mais il existe aussi le cyclamate de calcium et l'acide cyclamique.

3° L'aspartam

Il a été découvert en 1965 à Chicago par James Schlatter, un chercheur des Laboratoires Searle.

L'aspartam est l'association de deux acides aminés naturels : l'acide aspartique et la phénylalanine.

L'aspartam possède un pouvoir sucrant 180 à 200 fois supérieur à celui du succharose. Il ne présente pas d'arrière-goût amer et, au cours des essais gustatifs, sa saveur a été considérée comme pure.

Plus de soixante pays l'utilisent désormais dans la fabrication de produits alimentaires et de boissons et la nouvelle législation française permet désormais de l'utiliser comme additif alimentaire.

Les édulcorants de synthèse ont fait l'objet d'une énorme polémique pendant de nombreuses années.

C'est surtout la saccharine qui a été longtemps suspectée d'être cancérigène. Or, elle ne semble en fait présenter aucune toxicité à dose journalière de 2,5 mg par kilo ce qui correspondrait à 60 ou 80 kilos de sucre pour un adulte. Certains pays ont cependant interdit son emploi, ce qui est le cas du Canada.

Les cyclamates ont été, eux aussi, longtemps suspectés et ils ont même été interdits en 1969 aux USA.

Quant à l'aspartam, il a fait, dès son apparition, l'objet de la même polémique, mais toutes les études le concernant ont prouvé qu'il était dénué de toute toxicité, même à des doses élevées, ce que la FDA (Food and Drug Administration) a reconnu officiellement aux USA.

Il se présente sous deux formes :
— en comprimés qui se dissolvent rapidement dans les boissons chaudes et froides,
— en poudre, particulièrement recommandé pour les desserts et les préparations culinaires.

En comprimé, il a le pouvoir édulcorant d'un morceau de sucre de 5 g et comporte 0,07 g de glucides assimilables. En poudre, une cuillerée à café a le pouvoir édulcorant d'une cuillerée de sucre en poudre et contient 0,5 g de glucides assimilables.

En 1980, la dose journalière admissible préconisée par l'OMS (l'Organisation Mondiale de la Santé) était de 2 comprimés par kg par jour. Cela voudrait dire qu'une personne pesant 60 kilos pourrait consommer jusqu'à 120 sucrettes par jour sans que l'on puisse constater, à long terme, une quelconque toxicité du produit. Cette dose a été confirmée en 1984 et en 1987 par le Comité Scientifique de l'alimentation humaine de la CEE.

Mais attention aux édulcorants, s'il est certain qu'ils n'ont pas de toxicité, ils pourraient à la longue perturber le métabolisme. En effet l'organisme perçoit un goût sucré, se prépare à digérer des glucides et ne voit rien venir.

Cette dissociation pourrait à la longue dérégler nos systèmes de régulation.

D'autant que dans le même temps, l'industrie agroalimentaire nous prépare des protéines ayant le goût de lipides, destinées à remplacer les graisses de l'alimentation !

Devant ces faux messages, notre corps risque de ne plus savoir à quel goût se vouer !

197

Ainsi, l'usage d'un édulcorant ne devrait être que transitoire, car il est souhaitable à terme de se déshabituer progressivement du goût du sucre.

4° Les polyols

Dans la gamme des « faux sucres » sont apparus également les polyols ou édulcorants de masse qui apportent le volume de complément lors de la préparation de certains produits (chocolat, chewinggums et bonbons) car les édulcorants donnent un goût sucré avec seulement quelques grammes de produits. Malheureusement, les polyols n'ont comme seul intérêt, par rapport au sucre, de ne pas donner de caries. Ils ont en effet quasiment la même valeur énergétique que le sucre, dans le côlon ils libèrent des acides gras qui sont réabsorbés. Leur index glycémique est variable, s'échelonnant de 25 à 65. Ils peuvent même favoriser, en raison de la fermentation colique, des ballonnements et de la diarrhée.

C'est dire, contrairement à ce qu'on nous laisse entendre trop souvent, que leur emploi ne peut empêcher de grossir et encore moins aider à maigrir...

La mention « sans sucre » cache souvent ces polyols : sorbitol, mannitol, xylitol, maltitol, lactitol, lycasin, polydextrose, etc.

CHAPITRE X

COMMENT RETROUVER
UN VENTRE PLAT

La plus grande majorité des femmes sont soucieuses de leur poids et, toutes sont préoccupées par le ballonnement trop fréquent de leur abdomen.

L'abdomen est, chez la femme, une zone anatomique particulièrement extensible et d'une très grande sensibilité. Les manifestations physiologiques internes, dont il est le siège, se traduisent donc extérieurement par des variations de volume disgracieuses, légitimement préoccupantes pour les intéressées.

Le phénomène est mis, la plupart du temps, sur le compte du fonctionnement du système génital. Il est vrai qu'avant les règles, l'organisme féminin a tendance, comme nous l'avons signalé par ailleurs, à faire de la rétention d'eau. Mais, même si elle est importante au niveau des jambes et du petit bassin, cette rétention d'eau est, malgré tout, répartie sur l'ensemble du corps. En revanche, la répartition gynoïde des graisses qui s'accumulent au niveau du bassin et des cuisses correspond « anthropologiquement » à une réserve énergétique permettant d'assurer l'allaitement, même en période de disette, comme l'humanité en a connue pendant des millénaires. Mais la rétention d'eau n'explique pas, à elle seule, le gonflement permanent de l'abdomen.

Les ventres gonflés sont, ni plus ni moins, la manifestation évidente de troubles digestifs permanents liés à de mauvaises habitudes alimentaires.

En lisant le chapitre sur la digestion, vous avez pu remarquer que, même s'il n'y a pas systématiquement formation de graisses de réserve, les troubles digestifs liés à de mauvais mélanges alimentaires n'en sont pas moins existants.

Vous avez certainement compris que les mauvaises combinaisons alimentaires n'engendraient pas forcément, chez ceux qui les pratiquaient, l'ensemble des affections — dont certaines graves — que nous avons énumérées. Ce que j'ai cherché à faire comprendre, c'est que, si l'une de ces maladies se manifeste, la cause en est très probablement étroitement liée aux mauvais mélanges alimentaires.

Que vous ayez du poids à perdre ou non, si vous êtes une femme, et que vous ayez tendance à « avoir du ventre », il va falloir mettre en application un certain nombre de principes déjà développés dans les chapitres précédents, mais que je rappellerai notamment pour celles dont c'est la seule préoccupation et qui n'ont pas lu attentivement tous les chapitres du livre. Si vous êtes dans ce cas, je vous conseille cependant impérativement de lire les chapitres suivants :

« Classification des aliments »
« Hypoglycémie »
« Le sucre est un poison »
« La digestion ».

200

MANGER LES FRUITS À JEUN

Les fruits sont excellents pour votre santé, mais à une seule condition : *qu'ils ne soient mélangés avec rien d'autre.*

Je vous ai déjà expliqué que si le fruit — généralement acide — était mélangé avec de la viande, il provoquait de sérieux troubles digestifs.

Etre l'objet de troubles digestifs ne signifie pas pour autant qu'on en est conscient. Certaines personnes sont d'une très grande sensibilité et parviennent à déterminer rapidement ce qui leur est contre-indiqué, car les manifestations extérieures se présentent avec violence (colites, crises de foie, diarrhée).

En revanche, chez la plupart des individus, ces manifestations ne se révèlent pas immédiatement par des symptômes insupportables, car l'organisme, qui a une bonne résistance, met en œuvre des moyens de compensation.

Mais cela ne veut pas dire pour autant qu'il n'y a pas d'effet négatif quelque part. Le mal se fait en profondeur et émergera un jour sous forme de symptôme particulier.

Certaines personnes ont des sensations insupportables de gonflement lorsqu'elles mangent des fruits après les repas. Naturellement, elles seront, devant ces manifestations évidentes, conduites d'elles-mêmes à supprimer une telle pratique.

Si cela n'a pas été votre cas, vous n'aviez pas de raison de rompre avec une habitude alimentaire que vous pensiez fondée.

Si vous avez du ventre aujourd'hui, sachez cependant que l'une des causes probables de ce ballonnement anormal est l'usage que vous faites des fruits après les repas.

Comme je vous l'ai expliqué dans le chapitre sur la digestion, la métabolisation du fruit est très rapide, cela veut dire qu'il est digéré en vingt minutes environ.

Après avoir été ingéré, le fruit doit donc se trouver, dans un laps de temps très court, au niveau de l'intestin grêle où il est assimilé. C'est là, notamment, que les vitamines qu'il contient sont transmises à l'organisme.

Vous comprenez donc que, si vous mangez un fruit à la fin du repas, sa métabolisation va être stoppée, car il sera obligé de faire, en quelque sorte, la queue pour parvenir à son étape ultime dans l'intestin grêle.

Le problème, c'est que le fruit est, par nature, impatient, il ne peut accepter tranquillement de se trouver coincé dans un embouteillage digestif. Et, au lieu d'attendre gentiment son tour, il va en fait jouer les trouble-fête et provoquer une grande pagaille.

D'abord, il va commencer par affecter, voire détruire, le milieu enzymatique nécessaire et souvent indispensable à une bonne digestion (donc à une bonne progression dans le circuit digestif) des aliments qui se trouvent en gestation provisoire dans l'estomac. Ainsi cela va entraver la production de pepsine, enzyme essentiel à la métabolisation de la viande.

L'ensemble du contenu de l'estomac va donc se trouver soudain complètement perturbé par l'arrivée intempestive du fruit. Et cette perturbation va se traduire par un ralentissement général du processus de la digestion dont les effets seront les suivants :

— les amidons et les viandes seront insuffisamment digérés dans l'estomac. Leur transformation chimique, à ce stade, sera donc imparfaite et contribuera à perturber la suite du processus digestif ;

— le fruit qui, par nature, doit traverser l'estomac très rapidement, va s'y trouver prisonnier du fait de la présence d'autres aliments à progression digestive lente.

Et, dans cette ambiance humide et chaude, le fruit va se métamorphoser. Il va notamment se mettre à fermenter, car il contient des glucides qui se transforment rapidement en alcool.

On cite le cas de gros mangeurs de fruits qui auraient été victimes de cirrhose alors qu'ils n'avaient jamais bu une seule goutte d'alcool de leur vie. Vous comprenez maintenant pourquoi !

Mais c'est en fait au niveau de l'intestin grêle que les plus gros ennuis vont se produire, car la « marchandise » délivrée par l'estomac ne sera pas conforme au cahier des charges, et pour cause. La viande aura été insuffisamment digérée dans l'estomac, et le fruit, qui sera complètement métamorphosé par la fermentation, aura perdu toutes ses vitamines.

L'intestin grêle en recevant ces « marchandises » non conformes va quelque peu s'affoler.

Il va d'abord essayer de faire de son mieux et essayer de réparer les dégâts. Pour cela, il sera tenté de mettre en route des procédures d'exception, en termes de métabolisation, qui vont avoir l'inconvénient de ralentir, une fois de plus, le processus digestif.

L'intestin, ainsi perturbé, s'irrite et gonfle.

Et c'est la répétition trop fréquente de ces anomalies qui fait qu'un abdomen de femme, eu égard à sa sensibilité, manifeste progressivement sa proéminence.

Comme nous l'avons vu dans le chapitre sur la digestion, les perturbations du processus digestif entraînent un travail anormal du gros intestin, car les déchets qui lui sont acheminés sont incomplètement digérés. Le gros intestin devra donc, lui aussi, mettre en route des procédures d'exception, dont l'objectif sera principalement la destruction des déchets alimentaires par fermentation et putréfaction, selon leur nature.

Le recours trop fréquent, voire permanent, à ces procédures digestives d'exception, entraîne une perturbation continuelle du gros intestin, dont le fonctionnement est constamment déstabilisé par rapport à la normale.

Il ne faut pas voir plus loin la cause des troubles fonctionnels coliques. L'une des manifestations évidentes de ces troubles est, en tout cas, l'augmentation de volume de l'abdomen par gonflement et ballonnement permanents.

COMMENT MANGER LES FRUITS ?

Puisque les fruits ne peuvent se combiner avec aucun autre aliment sans perturber tout le processus digestif, il faut donc, comme je vous l'ai déjà mentionné par ailleurs, les manger seuls, et surtout à jeun.

Au lieu de manger les fruits après les repas, on devrait les manger avant. L'idéal serait au moins une bonne heure avant. Mais il faudra surtout faire en sorte que le dernier repas ait été complètement digéré, c'est-à-dire environ trois heures après le déjeuner ou le dîner.

Il y a donc trois moments dans la journée où vous pouvez prendre des fruits :

— le matin au réveil, une demi-heure au moins avant votre petit déjeuner ;

— au milieu de l'après-midi (17 h 30), c'est-à-dire au moins quatre heures après la fin du déjeuner ;

— le soir avant de se coucher, à condition que le délai de quatre heures après le dîner soit à peu près respecté.

Je vous rappelle qu'il vaut mieux éviter de manger les agrumes (oranges, pamplemousses, clémentines) avant de se coucher, car la vitamine C qu'ils contiennent risque de perturber votre sommeil. Ils sont donc tout à fait indiqués le matin au réveil, ou au milieu de l'après-midi, pour donner un petit coup de fouet.

ATTENTION AUX JUS DE FRUITS !

Les vrais spécialistes de la nutrition font toujours la grimace quand on leur parle de jus de fruit. Car ils pensent que, paradoxalement, le jus de fruit n'est pas une boisson naturelle.

Si l'on mange des fruits, c'est parce que l'on croit qu'ils contiennent d'excellentes substances nutritives, indispensables à notre santé. Et l'on cite généralement les vitamines et les sels minéraux.

En buvant une « concentration de fruit » sous forme de jus de fruit, d'aucuns ont la conviction d'absorber une plus grande quantité de vitamines.

Ce n'est malheureusement pas tout à fait vrai car la plupart des vitamines qui font partie intégrante du fruit sont détruites au niveau du jus de fruit. En effet, leur survie, hors de leur milieu naturel qu'est le fruit, est extrêmement éphémère.

D'autre part, la plus grande part de la substance vitale du fruit reste dans la pulpe qui est jetée après l'extraction du liquide.

Enfin, lorsqu'il est séparé de la pulpe, le jus de fruit acquiert très rapidement un taux d'acidité très élevé que l'on est obligé d'adoucir en ajoutant du sucre.

Au risque de vous surprendre, je vous déconseillerai donc de boire des jus de fruits, même si c'est vous qui les faites.

Car en dehors de son action sur les autres aliments, et de la même façon que le fruit entier ingéré au cours d'un repas, le jus de fruit irrite les voies digestives par sa trop grande acidité, acidité qui, elle-même, va détruire d'autres vitamines comme le ferait le vinaigre. Evitez en tout cas d'ingurgiter plus de jus de fruits que vous ne le feriez si vous aviez consommé les fruits correspondants, rajoutez un peu d'eau et un édulcorant de synthèse pour l'adoucir.

RETROUVEZ LA « PLATITUDE » ABDOMINALE

Si votre ventre est gonflé, si vous êtes en permanence ballonnée, je vous conseille donc, pour retrouver la platitude abdominale de vos dix-huit ans, de mettre en pratique les règles suivantes :

— *manger exclusivement les fruits à jeun,*
— *ne jamais mélanger les protéines-lipides avec des glucides,*

206

— *ne jamais boire de boissons gazeuses* (bière, eau minérale, sodas, etc.),

— *faire un peu de gymnastique abdominale pour retrouver quelque musculation* (1/4 d'heure tous les matins),

— *supprimer la constipation en mangeant du pain intégral, complet ou au son et beaucoup de fibres alimentaires,*

— *enfin, faire de la relaxation* (sophrologie).

Certains ballonnements, tels que l'aérophagie, sont en effet d'origine nerveuse, mais pas exclusivement.

La relaxation vous aidera à retrouver votre platitude abdominale, mais elle ne sera jamais suffisante à elle seule pour surmonter les mélanges alimentaires contre nature que vous avez pratiqués jusqu'alors.

CHAPITRE XI

COMMENT ALIMENTER LES ENFANTS ?

L'alimentation d'un petit enfant, notamment lorsqu'il est encore un nourrisson, reste pour la mère le principal sujet de préoccupation. Pendant les premiers mois de la vie de l'enfant, la manière avec laquelle il va accepter sa nourriture conditionnera son état de santé, voire ses chances de survie. Si un problème intervient pendant cette période, manque d'appétit, vomissements, diarrhées, allergies, etc., le spécialiste consulté ne manquera pas, dans l'analyse de la situation, de mettre en cause l'alimentation du bébé et de l'ajuster en conséquence.

Les médecins savent parfaitement que, chez un enfant en bas âge, les problèmes de santé ont presque toujours pour origine l'alimentation. En changeant cette dernière, en l'ajustant, ils ont beaucoup plus de chances de trouver une solution efficace qu'en prescrivant quelque médicament.

En revanche, lorsque l'enfant est plus âgé, et notamment dès qu'il se nourrit « normalement », c'est-à-dire plus ou moins comme un adulte, en mangeant de tout ou presque, il ne vient plus à l'idée ni des parents ni des médecins, lorsque cet enfant est malade, de remettre en cause son mode d'alimentation.

Cela est vraiment regrettable car la plupart des problèmes de santé pourraient ainsi être résolus.

L'apparition de la maladie chez un enfant, comme chez n'importe quel individu, est d'abord le signe d'une faiblesse physique.

L'organisme humain est normalement doté d'un système de défense naturelle contre toutes les agressions microbiennes de son environnement. On dit d'un enfant en bas âge, qui porte tout à sa bouche, qu'il est « immunisé contre les microbes ». Ce qui sous-entend bien qu'il dispose d'un système de défense pour le prémunir des agressions microbiennes.

Mais le bébé n'a pas le privilège de ces défenses immunitaires, l'enfant, lorsqu'il grandit (aussi bien que l'adulte), conserve cette propriété, et son organisme la met en œuvre à chaque instant pour lui permettre de survivre au milieu microbien qui l'environne.

Cependant, lorsque l'organisme s'affaiblit, ses défenses naturelles deviennent, par voie de conséquences, moins efficaces, donc plus vulnérables.

Les maladies, mises à part celles qui ont une origine virale, sont toutes à mettre sur le plan d'un affaiblissement passager de l'organisme.

Or, l'affaiblissement de l'organisme a, dans la plupart des cas, pour origine un problème au niveau de l'alimentation.

C'est pourquoi l'alimentation des enfants doit rester en permanence la préoccupation des parents.

Malheureusement, l'enfant de nos pays industrialisés, s'il est nourri en quantité, l'est de moins en moins en qualité.

D'autre part, certains mélanges alimentaires sont mal tolérés par les enfants, et, dans certains cas, il vaudrait mieux les éviter.

UNE QUALITÉ ALIMENTAIRE DÉPLORABLE

En évoquant la manière dont on nourrit les enfants de nos jours, je ne peux m'empêcher de penser à celle dont on nourri les animaux domestiques.

Il y a quelques années, « on faisait la soupe du chien » ou « la pâtée du chat ». Aujourd'hui, on ouvre une boîte. C'est tellement plus pratique !

Car on veut bien avoir des animaux à condition de ne pas avoir à s'en occuper.

Voilà une illustration supplémentaire d'une caractéristique fondamentale de notre époque. On veut tous les avantages sans en avoir les inconvénients. En d'autres termes et selon l'expression désormais célèbre, « on veut le beurre et l'argent du beurre ».

Toutes les femmes aspirent à avoir des enfants, quoi de plus naturel ! Mais, à notre époque, on veut bien avoir des enfants, à condition de ne pas avoir trop à s'en occuper.

Pour répondre à cette tendance, il a donc fallu organiser une espèce d'élevage industriel de nos charmants bambins, à travers les crèches ou le gardiennage des nourrices. Et, comme pour les animaux, on a trouvé des solutions pratiques industrielles pour nourrir facilement ces marmots. Il suffit désormais d'ouvrir une boîte ou un « petit pot ».

Rassurez-vous, je ne suis pas archaïque au point de refuser toute conserve, car il y en a de très bonne, mais ce contre quoi je m'insurge, c'est leur généralisation.

Voici donc les principes que je vous recommande en ce qui concerne l'alimentation de vos enfants, avec, comme objectif principal, de leur assurer une bonne santé, conséquence naturelle d'une saine alimentation.

LES ALIMENTS SOUS SURVEILLANCE

Le pain

Comme l'adulte, l'enfant ne devrait pas manger de pain « blanc », c'est-à-dire de pain ordinaire fabriqué avec des farines raffinées. Je vous ai déjà précisé, par ailleurs, que les sels minéraux, et particulièrement le magnésium, disparaissent avec le raffinage.

La vitamine B est, elle aussi, détruite par ce procédé. Or l'on sait que cette vitamine est indispensable pour la métabolisation des glucides. Une carence en vitamine B implique donc un risque de troubles digestifs et de fatigue supplémentaire.

Les féculents

Si l'enfant a une corpulence normale, ce qui semblerait vouloir dire qu'il a une bonne tolérance aux glucides, il n'y a pas de raison de le priver totalement de féculents. Mais cela ne veut pas dire pour autant que les féculents, comme c'est trop souvent le cas, doivent devenir la base de sa nourriture.

Le recours systématique aux mauvais glucides, et principalement aux pommes de terre, au riz et aux pâtes est, la plupart du temps, la conséquence d'un manque d'imagination. En réalité, on peut très bien varier les plats sans pour autant dépenser plus. Relisez le tableau de l'annexe n° 3 et vous verrez qu'il existe une quantité importante de légumes, auxquels vous ne pensez jamais.

Il est absolument nécessaire d'apprendre aux enfants à manger autre chose que de mauvais glucides. Car, s'ils les tolèrent apparemment à leur âge, cela risque de ne plus être le cas lorsqu'ils auront terminé leur croissance. Il faut donc très tôt leur faire apprécier autre chose, et notamment tous les autres légumes dont nous avons déjà parlé.

En ce qui concerne les pâtes, il serait souhaitable qu'elles soient fabriquées avec de la farine non raffinée, mais on en trouve encore difficilement dans le commerce. Il faudra donc essayer de ne pas en servir trop souvent, car, comme avec le pain, on risque de provoquer un déficit en vitamine B.

Quant au riz, il vaudra mieux le servir complet et le faire selon la recette que vous trouverez en annexe. Le riz complet à la tomate constitue, comme vous le savez, un plat à lui tout seul.

Lorsque vous servez des féculents à vos enfants, faites en sorte, si c'est possible, d'éviter de leur servir de la viande en même temps. Ce sera facile pour les pâtes et le riz, mais plus difficile pour les pommes de terre.

Sachez enfin que certains féculents sont de bons glucides. C'est le cas des lentilles et des haricots secs. N'hésitez donc pas à en servir régulièrement.

Les fruits

L'organisme des enfants a des ressources que celui de l'adulte a perdues depuis longtemps. Il métabolise ainsi, sans trop de problèmes apparents, les mélanges alimentaires comportant des fruits.

On pourra donc maintenir éventuellement, chez l'enfant, la consommation d'un fruit après le repas.

En revanche, dès que l'on constatera une certaine fragilité sur le plan digestif (ballonnement, mal au ventre, gaz), il sera préférable de supprimer les fruits au cours du repas. Comme pour l'adulte, le fruit sera alors consommé à jeun, et principalement le matin au réveil, le soir au coucher, ou bien au moment du goûter, à condition de ne consommer que cela.

Les boissons

L'eau est et reste la seule boisson qui convient à l'enfant. Tout ce qui ressemble de près ou de loin aux sodas, jus de fruits aux extraits, limonades ou colas, devra impérativement être supprimé, cela constitue de véritables poisons pour l'enfant.

Exceptionnellement, lors d'un anniversaire ou d'une fête de famille, vous pourrez laisser votre enfant en boire quelques verres, mais dites-vous bien que c'est aussi mauvais pour lui que s'il buvait de l'alcool. En ce qui concerne les boissons aux colas, on peut même dire que pour l'enfant, c'est de loin plus mauvais que s'il buvait de l'alcool.

Les sirops dilués dans l'eau sont aussi à déconseiller car ils contiennent une trop forte concentration de sucre. Ils habituent donc l'enfant au goût sucré en créant chez lui une véritable dépendance.

Quant au lait, il est à déconseiller pendant les repas. On a vu dans le chapitre de la digestion que boire du lait en mangeant était une erreur car le lait, dans l'estomac, se coagule en grumeaux. Ces grumeaux vont ensuite enrober les parcelles d'aliments, les isolant ainsi des sucs gastriques. Boire du lait en mangeant est ainsi l'assurance de troubles digestifs.

Les enfants peuvent cependant boire du lait dans la journée, mais il vaudra mieux vérifier qu'ils le font à jeun.

Au petit déjeuner le problème est différent, car le lait chaud est beaucoup plus digeste, les phénomènes rappelés plus haut ne se manifestent donc plus de la même façon.

Le sucre et les friandises

Je n'irai pas jusqu'à proscrire totalement le sucre aux enfants, et pourtant, c'est de loin ce qui serait le plus raisonnable. Je recommanderai cependant une grande rigueur dans sa consommation.

En dehors du sucre qu'ils mettent dans leur petit déjeuner, de celui qui accompagne leur fromage blanc ou leur yogourt, ou de celui que contiennent les desserts (entremets, pâtisseries, glaces), ce qui est déjà beaucoup, ne laissez pas les enfants manger de sucre quelle qu'en soit la forme.

Il faut donc interdire toutes friandises, bonbons, pâtes de fruits ou autre « barre caramélisée recouverte de chocolat », (cette dernière contient près de 80 % de sucre).

Relisez, si nécessaire, le chapitre sur ce sujet (Chapitre IX) pour vous convaincre, à jamais, que si le sucre est un véritable poison, il l'est aussi, et d'abord, pour les enfants.

Il est important, d'autre part, d'habituer les jeunes à ne pas devenir dépendants du goût sucré. C'est nécessaire pour leur santé immédiate et indispensable pour leur santé future.

Je sais cependant qu'il est difficile de forcer des enfants à se comporter en consommateurs marginaux, alors qu'ils vivent dans un environnement qui les sollicite en permanence. Mais ce n'est pas pour autant une raison suffisante pour abdiquer, en déclarant qu'on n'y peut rien.

Ce que l'on peut, en tout cas, c'est au moins établir un contrôle rigoureux à la maison, et surtout amener les enfants, dès leur plus jeune âge, à ne pas s'habituer au goût du sucré pour éviter qu'à la longue ils en deviennent esclaves.

C'est pourquoi, il est recommandé de ne pas donner (contrairement à l'avis de certains médecins) d'eau sucrée aux nourrissons. On peut très bien les habituer à boire de l'eau pure. Dans le cas où vos enfants feraient l'objet de cadeaux sous forme de friandises (poches de bonbons, de caramel, etc.), faites en sorte d'en subtiliser la plus grande partie, que vous ferez complètement disparaître ultérieurement.

D'autre part, même si la consommation de friandises est modeste, il faut impérativement en interdire l'ingestion avant les repas. Le sucre, dans ce cas, joue non seulement le rôle de coupe faim mais contribue, aussi, à perturber la métabolisation du peu de nourriture qui pourrait être ingérée malgré tout.

Enfin, il faut rappeler une fois encore que la consommation de sucre provoque un déficit en vitamine B. Cette vitamine, comme nous l'avons déjà souligné, est indispensable à la métabolisation des glucides. Une carence en vitamine B oblige donc l'organisme à puiser dans ses réserves, créant ainsi un déficit, dont les conséquences sont *la fatigue, la difficulté de concentration, d'attention, de mémoire,* voire une certaine forme de dépression. Il est donc bien évident que le travail scolaire de l'enfant risque sérieusement d'en souffrir.

DOIT-ON AUSSI REMPLACER LE SUCRE DES ENFANTS PAR DES ÉDULCORANTS ?

Si l'on conseille à l'adulte de remplacer le sucre par un édulcorant de synthèse, pourquoi ne pas le faire aussi pour les enfants ? C'est en effet une bonne question.

Si l'enfant est vraiment trop gros pour son âge, cela peut, également, devenir nécessaire.

Si, en revanche, l'enfant a une corpulence normale, il n'y a aucune raison de supprimer catégoriquement les quelques morceaux de sucre qu'il met dans son petit déjeuner, ou la cuillère de sucre en poudre que vous lui mettez dans son yogourt [1].

---

1. Vous pouvez aussi remplacer le sucre blanc (saccharose) par du fructose, que l'on trouve désormais dans le commerce, dont l'index glycémique est beaucoup plus bas.

En revanche, ce que vous pouvez faire pour limiter la consommation journalière (et cette recommandation concerne l'ensemble de la famille), c'est préparer les desserts avec des édulcorants.

Ceci dit, voyons maintenant comment peuvent s'organiser les quatre repas de vos enfants.

LES REPAS

Les objectifs que l'on doit viser en composant les menus des enfants sont les suivants :

— *éviter de surcharger l'alimentation en mauvais glucides afin de ne pas déstabiliser le métabolisme,*

— *éviter les mélanges alimentaires contre nature qui affaiblissent l'organisme et sont à l'origine de nombreux ennuis de santé.*

En matière d'alimentation, tout le monde vous dira avec la plus grande conviction, car cela relève *a priori* du bon sens : il faut composer des « repas équilibrés ». On entend généralement par là des repas dans lesquels figurent d'une manière conjointe, des protéines, des glucides et des lipides.

Cette opinion est complètement fausse !

C'est vrai, il faut manger des protéines, des glucides et des lipides pour être certain d'absorber toutes les substances dont l'organisme a besoin. Et c'est particulièrement le cas pour les enfants dont le corps est en formation.

En revanche, l'erreur qui est communément commise, y compris par le corps médical, est de croire que c'est au niveau du repas lui-même que cet équilibre alimentaire doit avoir lieu.

Quand on parle de repas équilibré, on devrait mentionner que *cet équilibre doit se faire sur plusieurs repas et non pas sur un seul*. Là est toute la différence. Et c'est l'essentiel de ce qu'il faut savoir et respecter pour éviter tous les troubles du métabolisme que nous avons largement évoqués depuis le début du livre. En d'autres termes, ayez le souci, pour vos enfants, de composer des menus où domineront, soit les protéines-lipides, soit les glucides. Mais n'essayez pas de combiner systématiquement les deux sur un seul repas, au contraire évitez-le.

LE PETIT DÉJEUNER

Les Anglo-Saxons ont raison quand ils prétendent que le petit déjeuner doit être le plus gros repas de la journée. Et ceci est particulièrement vrai pour les enfants. Ils ont tort, en revanche, de vouloir faire un repas « équilibré » composé, à la fois, de glucides (céréales) et de protéines-lipides (œufs, charcuterie, viandes).

Ma recommandation est de faire du petit déjeuner des enfants un repas où domineront les *glucides*.

On pourra donc y trouver pêle-mêle :

— du pain, complet de préférence,

— des céréales (brutes si possible, évitez celles qui contiennent du riz soufflé, du maïs, du sucre, du miel ou du caramel),

— des fruits (mais il faudra impérativement commencer par cela).

Dans la mesure où les « bons » glucides doivent très nettement dominer ce repas, il sera préférable pour l'enfant, de ne consommer que du lait écrémé ou demi-écrémé ainsi que des graisses végétales (margarines de table plutôt que du beurre).

Si l'enfant souhaite manger du fromage blanc, ou un yogourt, ceux-ci devront être impérativement à 0 % de matières grasses.

Je déconseille catégoriquement le miel ou la confiture, car la concentration de sucre (même naturelle pour le miel) est beaucoup trop importante. L'usage de la confiture doit être exceptionnel, sauf peut-être si celle-ci a été faite avec un édulcorant de synthèse.

LE DÉJEUNER

Le déjeuner sera plutôt dominé par les *protéines* et les *lipides*. Il comportera donc forcément de la viande ou du poisson.

Mais avec la viande et le poisson, l'idéal serait d'éviter de donner des pommes de terre, du riz ou des pâtes. Les légumes d'accompagnement devraient donc plutôt être choisis parmi les haricots verts, le céleri, le chou-fleur ou les champignons (voir liste complète en annexe n° 3).

Si le plat principal est à base de protéines et de lipides (viande, poisson ou charcuterie), il serait souhaitable de limiter le dessert au laitage ou au fromage, en quantité indifférente.

Malheureusement l'enfant, s'il est en âge scolaire, prendra peut-être son repas de midi à l'extérieur de la maison, et très probablement dans une cantine scolaire. Les parents perdront donc, dans ce cas, le contrôle de son alimentation. Mais si l'enfant n'est pas « trop gros », la situation n'en sera pas dramatique pour autant. Il suffira d'ajuster ensuite au niveau du dîner.

Si l'enfant a déjà pris chez lui de bonnes habitudes, comme celles de ne pas manger de pain ou de ne manger les fruits qu'à jeun, il pourra limiter, en quelque sorte, les dégâts.

LE GOÛTER

Pour tout le monde en général, et pour les enfants en particulier, il vaut mieux augmenter le nombre de repas que le diminuer. Comme le petit déjeuner, le goûter sera essentiellement glucidique.

Si l'on donne du pain, il vaudra mieux qu'il soit complet ou fait avec des farines non raffinées. Sur le pain, on pourra mettre de la margarine de table, (éviter la confiture).

Enfin, on pourra donner une barre de chocolat à l'enfant, à condition de choisir un chocolat de bonne qualité possédant un taux de cacao élevé (minimum 60 %).

LE DÎNER

Le dîner de l'enfant pourra être, soit dominé par une viande, du poisson ou des œufs, c'est-à-dire lipido-protéique, soit par un « bon » glucide constituant à lui seul un plat : lentilles, riz complet, pâtes complètes.

Mais, quelle que soit l'option, le premier plat du dîner de l'enfant devrait être une épaisse soupe de légumes (poireaux, tomates, céleri, etc.).

221

Les enfants, d'une manière générale, et par goût, ne mangent pas suffisamment de légumes verts qui constituent pourtant, comme vous le savez, des fibres alimentaires indispensables au bon fonctionnement du transit intestinal et sont riches en vitamines, sels minéraux et oligo-éléments. Le meilleur moyen de leur en faire consommer est donc de leur donner une bonne soupe de légumes que l'on aura bien pris soin de passer au mixer.

Il est aussi une troisième catégorie de plats qui convient parfaitement aux enfants, et dont ils raffolent, ce sont les légumes farcis, tels que tomates, aubergines, courgettes artichauts ou choux.

C'est en effet une manière très simple d'accommoder des légumes à fibres, ce qui permet d'élargir le choix par rapport aux sempiternels pâtes, riz et pommes de terre.

Avec le dîner, donnez comme dessert à l'enfant des laitages légers, faits avec du lait demi-écrémé, tels que : flan, crème caramel, que vous pourrez préparer en remplaçant le sucre par du fructose ou un édulcorant de synthèse.

Il y a, en tout cas, un type de nourriture que je vous recommande d'exclure à la maison, c'est à la fois le sandwich, le hamburger et le hot-dog. Vous n'empêcherez pas votre enfant d'aimer le hamburger comme il aime les sodas aux extraits de fruits ou les boissons aux colas. Ce n'est cependant pas une raison suffisante pour lui en faire à la maison. Ce type de nourriture est tout à fait contre-indiqué pour sa santé car il comporte une quantité trop importante de mauvais glucides associés à la viande.

Réservez donc ce type de nourriture pour les occasions où il constituera un moyen pratique d'alimentation, ce qui est le cas lorsque vous êtes à l'extérieur de votre domicile. Le hot-dog et le hamburger ont, à l'origine, été inventés en Amérique pour constituer un moyen rapide de s'alimenter, soit sur le lieu de travail lorsque l'on fait la journée continue, soit lors des déplacements, toujours longs, dans un pays immense comme les Etats-Unis.

Manger un hot-dog, ou un hamburger, chez soi est plus ridicule encore que de dormir avec un sac de couchage sur un lit à baldaquin, d'autant qu'il met en cause la santé. Evitez donc de tomber par facilité dans ce déplorable extrême, ce qui est malheureusement déjà le cas chez la plupart des gens dans de très nombreux pays, parmi les plus civilisés, où certains enfants ne savent même pas ce qu'est un repas normal.

Emmenez donc, une fois de temps en temps, vos enfants chez Mac Donald ou autre Burger King si cela les amuse, ou pour gagner du temps si vous êtes en déplacement, mais cela doit rester exceptionnel. Gardez-vous bien de singer les Anglos-Saxons en adoptant leurs mauvaises habitudes.

LES CAS PARTICULIERS

Les enfants trop gros

Certains enfants accusent très tôt quelques kilos excédentaires sans pour autant que leurs parents s'en préoccupent assez sérieusement pour consulter un médecin.

S'ils décident cependant de le faire, le médecin, dans la plupart des cas, rétorquera qu'avec quelques kilos de trop l'enfant n'est pas pour autant complètement obèse. Il précisera, d'autre part, avec raison, que tout régime basses calories n'est pas envisageable chez un enfant en pleine croissance. Neuf fois sur dix, il rassurera donc les parents, en disant que, quand l'enfant sera plus grand, particulièrement au moment de l'adolescence, il devrait retrouver un poids normal pour son âge.

Sachez pourtant que l'excès de poids chez un enfant est, dans tous les cas, le signe évident d'un trouble du métabolisme.

Prenez donc au sérieux l'embonpoint d'un enfant car, si le problème est examiné à temps, il sera très facile de rétablir l'équilibre.

Chez un enfant, comme chez un adulte, les graisses de réserve indiquent une mauvaise tolérance au glucose. Les principes alimentaires énoncés dans le chapitre de la Méthode (Chapitre V) devront être appliqués avec rigueur.

Lorsque l'enfant aura retrouvé un poids normal, il sera possible, comme pour l'adulte, de réintégrer progressivement quelques mauvais glucides qui constitueront, de la même façon, des écarts qu'il faudra gérer.

Il est exact, qu'avec la puberté, certains garçons trop gros perdent progressivement leur embonpoint, sans pour autant changer de régime alimentaire. L'adolescent connaît, à cette période de la vie, une transformation physique qui occasionne une très grande consommation d'énergie. Et puis, c'est généralement une période d'intense activité physique.

Attention cependant, car l'adolescent qui, enfant était trop gros, est invariablement un candidat pour l'embonpoint lorsqu'il aura atteint l'âge adulte.

Pour la fille, la situation est généralement opposée. Les risques de prendre des kilos apparaissent plutôt pendant la puberté, lorsque le corps devient celui d'une femme. Comme nous l'avons vu dans un chapitre précédent, l'organisme de la femme est d'une très grande sensibilité, et toute variation du système hormonal (pendant la puberté, la grossesse ou la ménopause) est un facteur de risque au niveau de l'équilibre du métabolisme.

Les jeunes filles et les femmes en sont parfaitement conscientes mais, dans le souci de maintenir leur « ligne », elles adoptent malheureusement des régimes alimentaires qui les font mourir de faim et les conduisent invariablement à la dépression.

Les jeunes filles, que la puberté a tendance à faire grossir, pourront donc, sans contre-indication aucune, adopter les principes alimentaires de ce livre. Non seulement elles pourront conserver leur « ligne », mais, en plus, elles se découvriront une vitalité nouvelle qui pourra servir leur « conquête » du monde.

L'enfant fatigué

N'êtes-vous pas frappé de constater aujourd'hui combien les enfants et les adolescents sont de plus en plus nombreux à être fatigués, lymphatiques, traînant péniblement leur corps d'un lit à un fauteuil.

Rappelez-vous qu'un excès de mauvais glucides au petit déjeuner va favoriser une hypoglycémie vers 11 heures, avec somnolence, manque de concentration, bâillements, apathie ou agressivité, signes que les enseignants notent fréquemment dans leurs classes en fin de matinée.

Ce phénomène risque de se répéter dans la journée si, au repas de midi, l'enfant abuse de pommes de terre, de pain blanc et de boissons sucrées.

Le goûter, à base de sucres associés aux graisses (pain au chocolat, croissant) va encore perturber le phénomène.

Ensuite, l'enfant, rentré chez lui, va trop souvent s'installer devant la télévision qui, on l'a montré, est une source de grignotage et incite ces jeunes esprits maléables, encore peu formés à la critique, à consommer des sucreries ou de la biscuiterie. Le stade serait plus bénéfique que le « sport de salon ».

L'absence de diversification précoce de l'alimentation a souvent abouti à déclencher chez l'enfant un dégoût pour les fibres (fruits, légumes, légumineuses), alors qu'elles sont riches en vitamines, sels minéraux et oligo-éléments.

Toutes ces carences sont un facteur supplémentaire d'asthénie.

CHAPITRE XII

MAIGRIR
SANS FAIRE DE SPORT

Dans sa chanson « Tu t'laisses aller » Charles Aznavour recommande à sa compagne qui, semble-t-il, a
tout l'air d'un épouvantail : « Pour maigrir, fais un
peu de sport ! »

Voilà une idée reçue de plus, et notre Aznavour
national n'a certainement jamais eu de problèmes de
poids car il se serait rendu compte que, contrairement
à ce que tout le monde croit, *le sport n'a jamais fait
maigrir personne.*

Lorsque vous avez commencé à vous préoccuper de
votre excédent pondéral, je suppose que, comme
beaucoup, vous vous êtes décidé à faire, ou plutôt à
refaire, du sport. Et vous avez choisi pour cela, soit
le vélo, soit le jogging et souvent les deux à la fois.

Ayant essayé les deux, je puis vous garantir que le
résultat est nul.

On peut faire du sport pour faire de l'exercice, se
détendre, se défouler, s'oxygéner, rencontrer ses
copains ou avoir un bon prétexte pour ne pas rester
chez soi. Tous les objectifs sont bons. Sauf un, maigrir. Vous ne maigrirez pas en faisant du sport si vous

conserver les mauvaises habitudes alimentaires qui sont celles de nos contemporains.

Le sport pour maigrir ressemble beaucoup à la théorie des calories. Son fondement même est d'une nature identique. Lorsque vous commencez à faire un sport dans l'optique de perdre du poids, vous avez tendance à mesurer le résultat de l'effort sur votre corps par la quantité de sueur que vous êtes capable de faire dégouliner.

Ce que vous perdez, c'est en fait de l'eau. Et si vous « brûlez des calories », c'est une dépense énergétique que vous allez soustraire de vos réserves temporaires (glycogène), celles qui sont alimentées notamment par votre consommation de glucides.

La première fois que vous vous remettez à faire du sport vous pouvez en effet (mais seulement si vous avez une balance d'une très grande précision) constater que quelques cent ou deux cents grammes ont disparu.

Mais dès lors que vous prenez l'habitude de faire régulièrement cet effort musculaire, le samedi par exemple, votre organisme va petit à petit réajuster son « offre » avec la nouvelle « demande ». Si désormais vous lui demandez plus, eh bien ! il va s'arranger pour stocker suffisamment de glycogène afin de satisfaire votre demande.

Très rapidement, vous allez donc constater que non seulement vous ne perdez plus rien, mais qu'en plus vous avez repris votre poids initial. Il se peut même que vous vous mettiez à grossir un peu plus. Souvenez-vous du chien affamé qui enterre son os. Si vous demandez des efforts supplémentaires à votre organisme, qu'à cela ne tienne, il va non seulement produire un peu plus, mais comme il est prudent, il va décider de stocker un peu plus. Alors débute la spirale infernale.

Pour déjouer les caprices de votre nature, vous décidez par réflexe d'ajouter cinq kilomètres par semaine à votre parcours cycliste. Et comme votre petit ordinateur connaît bien la loi de l'offre et de la demande, il ajuste.

Voilà comment pour quelques grammes de moins, vous encaissez quelques grammes de plus, tout en prenant de sérieux risques sur le plan de la santé. Car en sport, il y a une règle d'or que vous devez toujours respecter : « ne jamais forcer la machine ». Vous n'auriez pas l'idée de faire les 24 heures du Mans avec une 2 CV. C'est pourtant ce que vous faites en vous imposant des parcours beaucoup trop ambitieux pour votre âge, votre condition physique et votre niveau d'entraînement.

Faites du sport pour toutes les bonnes raisons que l'on invoque habituellement, ou seulement pour le plaisir, mais ne comptez pas y trouver la solution à votre problème de poids, si vous n'êtes pas décidé à changer vos habitudes alimentaires.

En adoptant les principes de la méthode alimentaire qui fait l'objet de ce livre vous pouvez accélérer votre amaigrissement en Phase I, mais surtout sachez que les efforts physiques que vous allez faire vont contribuer à réharmoniser vos fonctions métaboliques.

En Phase I, votre glycogène est essentiellement constitué par la transformation de vos graisses de réserve. Si vous en augmentez les besoins, la masse graisseuse devrait donc disparaître plus rapidement.

On a pu remarquer, par ailleurs, que les efforts physiques sont particulièrement bénéfiques pour les obèses, dont les cellules graisseuses reconnaissent mal l'insuline (insulinorésistance), ce qui conduit le pancréas à trop en fabriquer (hyperinsulinisme). De plus, il faut savoir que l'obésité perturbe la thermogenèse, c'est-à-dire que paradoxalement, plus on est gros, moins on dépense d'énergie pour faire un effort. L'adoption des principes alimentaires de la méthode, et une dépense physique raisonnable sont donc tout à fait complémentaires et peuvent ainsi contribuer à parvenir à une meilleure réussite dans le retour à un équilibre pondéral normal, car en vainquant plus vite l'insulino-résistance, on se réconciliera avec son corps, d'autant plus qu'il reprendra des formes plus harmonieuses.

CHAPITRE XIII

LE POIDS IDÉAL

Quand on se pèse sur une balance, qu'évalue-t-on ? Le poids global d'un corps composé d'os, de muscles, de masse grasse, d'organes, de viscères, de nerfs et d'eau. La masse grasse constitue 15 % du poids chez l'homme et 22 % chez la femme.

L'obésité se définit comme un excès de cette masse grasse qui représente un pourcentage supérieur de 20 % à ces valeurs moyennes. Mais comment apprécier la quantité exacte de la masse grasse d'un individu ? La mesure de l'épaisseur du pli cutané au compas est une approche parmi d'autres, mais elle reste bien imprécise...

Force est d'associer obésité et excès de poids, même si la balance ne donne pas le rapport entre la masse grasse et la masse active (muscles, organes, etc.).

Plutôt que de se référer à des tables de poids sévèrement établies par les compagnies d'assurances américaines, il est plus simple, pour approcher la notion de poids idéal, d'utiliser la formule de Lorentz (où la taille est exprimée en cm et le poids en kg) :

$$\text{Poids} = (\text{Taille} - 100) - \frac{(\text{Taille} - 150)}{4}$$

chez l'homme

$$\text{Poids} = (\text{Taille} - 100) - \frac{(\text{Taille} - 150)}{2}$$

chez la femme

Mais ce calcul ne tient compte ni de l'âge ni de l'importance de l'ossature.

Actuellement sur le plan international, on utilise l'indice de Quetelet (ou B.M.I. = Body Mass Index) qui définit le rapport entre le poids et la taille au carré.

$$\text{Index} = \frac{\text{Poids (en kg)}}{\text{Taille} \times \text{Taille (en m)}}$$

Sa valeur normale est de 20 à 25 chez l'homme et de 19 à 24 chez la femme. Jusqu'à 30, il y a surcharge pondérale, au-delà de 30 il y a obésité et si l'index est supérieur à 40, on est en présence d'une obésité grave et médicalement préoccupante.

Cette définition reste d'ordre médical et non esthétique, mais cet index a l'avantage d'être bien corrélé avec la valeur de la masse grasse.

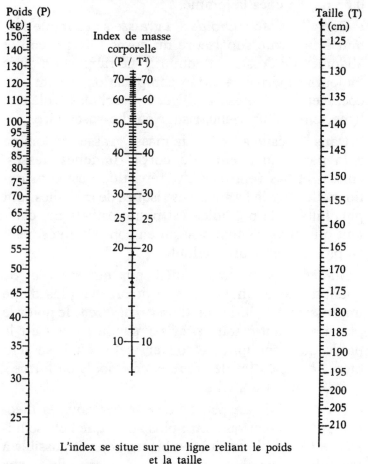

On peut calculer simplement l'index
en s'aidant de la table suivante :

L'index se situe sur une ligne reliant le poids
et la taille

La répartition topographique des graisses permet
d'apprécier le pronostic de l'obésité, on mesure le
rapport :

$$\frac{\text{tour de taille à l'ombilic}}{\text{tour de taille aux hanches}}$$

Il est normalement de 0,85 à 1 chez l'homme et de 0,65 à 0,85 chez la femme.

Dans l'obésité *androïde* : la graisse s'accumule surtout à la partie supérieure du corps (visage, cou et abdomen au-dessus du nombril). Le rapport est alors toujours supérieur à 1. Les complications y sont précoces et fréquentes : diabète, hypercholestérolémie, hypertension artérielle, risque cardio-vasculaire.

Dans l'obésité *gynoïde* : la masse grasse prédomine à la partie inférieure du corps (hanches, fesses, cuisses et bas ventre). Cette répartition est constitutionnelle chez la femme. Les risques de maladies sont plus faibles, le préjudice est plutôt esthétique, d'autant que chez les femmes qui en sont atteintes, peut en plus survenir une cellulite.

Au-delà des chiffrages médicaux qui essayent de quantifier scientifiquement ce qui relève plus d'une impression esthétique ou d'un « mal-être », le poids le plus important à faire préciser par le patient est le poids qu'il souhaite retrouver, celui où il se sent bien... c'est, en fin de compte, ce « poids de forme » qui sera le but à atteindre.

Il est parfois un peu au-dessus des normes théoriques, mais pourquoi être plus strict que l'obèse lui-même ? Si ce chiffre lui semble un objectif possible à atteindre, il est plus réaliste qu'une norme théorique imposée par le pouvoir médical, qui si elle est trop stricte peut être déjà au départ un motif de découragement.

Inversement, il faudra se méfier de certaines femmes pétries d'images véhiculées par les médias et qui se fixent comme objectif un poids mythique et irréel qui ne se justifie aucunement et que l'organisme, bardé de systèmes de régulation raisonnables, n'acceptera jamais d'atteindre.

Le poids idéal, s'il existe, doit faire l'objet d'une analyse lucide de l'obèse avec lui-même et parfois d'une négociation critique avec son médecin.

CONCLUSION

En lisant ce livre, vous avez, j'ose le croire, trouvé les réponses aux questions que vous vous posiez. J'espère, en tout cas, qu'il vous a plu.

Pour ma part, j'ai pris beaucoup de plaisir à l'écrire car il m'a permis de clarifier et d'ordonner dans mon esprit des choses que j'y avais jetées pêle-mêle pendant plusieurs années.

Ce travail de synthèse a renforcé une idée qui m'était apparue au fur et à mesure de mes recherches et qui aujourd'hui est devenue une grande conviction : « *nous sommes ce que nous mangeons !* »

Autrement dit, le capital physique que nous avons, ou ce qu'il en reste, est le résultat de notre alimentation passée. Notre santé et notre durée de vie sont la conséquence de notre alimentation passée. Et je peux vous affirmer, mais vous l'aviez déjà compris, *que la forme, le tonus, la vitalité, l'efficacité, le dynamisme, dépendent étroitement du mode d'alimentation.*

Si vous parvenez à savoir gérer votre alimentation, c'est en fait « votre vie » que vous pourrez gérer.

L'homme moderne n'est malheureusement plus un être raisonnable car il a perdu toute sa sagesse. Il est aujourd'hui capable de marcher sur la lune, mais il ne sait plus s'alimenter.

La plus grande activité des zoologistes est de se préoccuper de l'alimentation des animaux. Car ils savent que c'est à ce niveau que se trouve la clé de la survie des espèces.

Dès qu'une guenon n'est plus féconde, que la fourrure de l'ours se dégarnit, que le lion devient gentil ou que l'éléphant perd la mémoire...., le zoologue commence par vérifier et ajuster la qualité de leur nourriture.

Lorsque le vulgum pecus du presque XXIe siècle se découvre au petit matin des plaques sur la figure, une migraine à se taper la tête contre les murs ou une haleine plus fétide qu'une bouche d'égout, il est fort probable que le médecin qu'il consultera, ne lui posera même pas la question de savoir comment il s'alimente. Les animaux et les machines ont droit à toutes les attentions, les êtres humains à aucune.

Si votre pompiste vous met par erreur de l'essence ordinaire dans votre BMW, vous allez faire un scandale. Car vous savez ce qui convient à votre voiture.

Si vous servez une entrecôte à une girafe, il y a des chances qu'elle la refuse même si elle n'a pas mangé depuis huit jours. Car les animaux savent d'instinct ce qui ne leur convient pas. L'homme, ce mammifère supérieur, doué de l'intelligence et du langage articulé, est en fait le seul être vivant que l'on puisse nourrir avec n'importe quoi ou presque, sans qu'il s'en rende compte et qu'il manifeste sa réticence ou sa désapprobation.

Les habitudes alimentaires qui ont été prises dans les pays industrialisés depuis quelques décennies, auraient dû devenir depuis longtemps le principal sujet de préoccupation de leurs gouvernants.

Je me trouvais, il y a quelques temps, à Disney-World en Floride et, au milieu de cette foule représentative de la population américaine, j'ai une fois encore été pris d'un profond sentiment de frayeur, devant l'importance de l'obésité aux Etats-Unis. Environ 18 % des habitants de ce pays sont obèses ou en voie de le devenir, soit presque un américain sur cinq. L'obésité aux USA est à ce point devenue un phénomène de société qu'elle est parfaitement intégrée dans la vie de tous les jours, à tel point qu'à l'entrée de « Disney-World », il y a autant de chaises roulantes pour invalides que de voitures d'enfant à la disposition du public.

Cette nation qui, paradoxalement, est la plus puissante du monde est véritablement en voie de dégénérescence. Si telle est la rançon du progrès, on peut se poser de sérieuses questions.

Cette situation, comme le dénoncent de trop rares experts, est le fait d'une intoxication collective résultant de l'absorption de mauvais glucides et de graisses en excès. Et ce qui est le plus inquiétant, c'est que la plus grosse proportion d'obèses aux USA se trouve parmi les jeunes. Ceci prouve bien que le phénomène est lié aux déplorables habitudes alimentaires qui se sont développées après la dernière guerre.

Dieu merci, nous n'en sommes pas encore là en France et je pense que, grâce à nos ressources culturelles et nos traditions culinaires, nous avons les moyens de résister.

Pourtant, même si le phénomène est aujourd'hui embryonnaire dans notre pays, il tend néanmoins à se développer. Et il suffit pour s'en convaincre de noter le nombre impressionnant de « fast food » qui, ces dernières années, se sont installés dans nos grandes villes. D'autre part, quand on regarde les statistiques de consommation nationale de boissons sucrées, et particulièrement leur courbe ascendante, on a tout lieu de penser que le processus d'intoxication collective est malheureusement bien amorcé.

Cédant à la publicité, et surtout à la facilité, nous encourageons involontairement nos enfants à adopter des habitudes alimentaires que nous n'accepterions pas pour nous-mêmes. Dans quelques années, il sera peut-être trop tard pour agir.

D'aucuns sauront avec force détails vous expliquer comment amener le moteur d'une voiture jusqu'à 200 000 km. Mais jusqu'à quel âge sauront-ils pousser la vie de leurs enfants ? Le drame, c'est qu'ils n'en ont même pas le souci.

L'organisme humain est une « machine » extraordinaire, capable d'encaisser tellement d'excès que l'homme ne sait jamais à quel moment il a dépassé la zone rouge.

Les femmes sont plus résistantes que les hommes car elles sont dotées d'une plus grande sensibilité. Et je ne parle ici que de sensibilité physique. Elles peuvent donc plus facilement adopter une conduite plus raisonnable et ainsi, tout au cours de leur existence, ménager leur organisme.

L'homme, du fait de sa virilité, ne connaît pas par nature ses limites. Il a donc tendance à tirer sur la corde, au maximum, tant qu'elle résiste. Il supporte avec la résistance d'un roc, tous les excès dont il se rend coupable. Et puis un jour, tel le géant aux pieds d'argile, il s'écroule.

Toutes les erreurs alimentaires que vous avez faites depuis votre enfance ont été enregistrées par votre organisme qui, à chaque fois, a mis en route une procédure d'exception pour les traiter.

Très souvent, vous avez vu apparaître les effets secondaires de ce « traitement » sous la forme de différents symptômes (maux de tête, troubles gastriques, troubles intestinaux...).

C'était déjà le signe d'une saturation de l'organisme, mais aussi d'un affaiblissement de celui-ci qui se traduisait par une plus grande sensibilité.

Les troubles, donc les symptômes, sont différents d'un individu à l'autre. Mais la cause est toujours la même, c'est une mauvaise gestion de son alimentation.

Félicitez-vous, car dans votre malheur vous avez de la chance. J'entends par là qu'en cherchant peut-être à régler un problème d'embonpoint, vous aurez aussi trouvé la solution à tous les autres maux dont vous pouviez souffrir.

C'est exactement ce qui m'est arrivé il y a quelques années.

Lorsque j'étais étudiant, j'étais inscrit dans un institut dont les études conduisent par nature vers la haute administration, voire la politique, ce qui n'a pas été mon cas.

Le premier jour de la rentrée, le directeur nous a réunis pour nous communiquer le message suivant :

« En tant que directeur de cet institut je n'aurai pendant toute la durée de vos études qu'une seule ambition : *vous apprendre à lire, à écrire et à parler* ».

En écrivant ce livre je n'avais, pour ma part, d'autre ambition que de *vous apprendre à manger*.

ANNEXES

CLASSIFICATION DES ALIMENTS AUTORISÉS PHASE I : PERTE DE POIDS

ENTRÉES	PLAT PRINCIPAL	LÉGUMES	DESSERTS
ŒUFS	VIANDES	TOMATE	YOGHOURT
CHARCUTERIE	(sauf le foie)	EPINARD	FROMAGES
SALADES :	CHARCUTERIE	ENDIVE	CRÈME ANGLAISE
- TOMATE	POISSONS (tous)	LAITUE	ŒUFS À LA NEIGE
- HARICOT VERT	VOLAILLE	CRESSON	FLANS
- ENDIVE	LAPIN	MACHE	
- CONCOMBRE	HOMARD	PISSENLIT	
- CHOU-FLEUR	LANGOUSTE	AUBERGINE	
RADIS	ŒUFS	CÉLERI	
POIREAU		CHOU	
LAITUE ETC.	*ACCOMPAGNEMENT*	CHOU-FLEUR	
CÉLERI		CHOUCROUTE	
CHAMPIGNONS	BEURRE	HARICOT VERT	
ASPERGES	HUILE OLIVE	NAVET	
SAUMON FUMÉ	HUILE ARACHIDE	POIREAU	
THON	MARGARINE	POIVRON	
SAUMON FRAIS	MAYONNAISE	COURGETTE	
SARDINES	BÉARNAISE	BROCOLI	
MOULES	SEL, POIVRE	FENOUIL	
CRABE	OIGNONS, AIL	OSEILLE	
HOMARD	ECHALOTTE	CHAMPIGNON	
LANGOUSTE	FINES HERBES		

NOTE : Consultez attentivement le texte du chapitre Phase I pour l'utilisation optimale de ce tableau. Attention aux « PARASITES » interdits qui pourraient se trouver dans les salades, (riz, maïs, croûtons...).
Attention également à la charcuterie, aux fromages et à l'excès de viande si vous avez des problèmes de cholestérol.
Les desserts seront faits sans sucre, mais avec un édulcorant.

ANNEXE N° 2

CLASSIFICATION DES ALIMENTS AUTORISÉS PHASE II : MAINTIEN DE L'ÉQUILIBRE PONDÉRAL

ENTRÉES	PLAT PRINCIPAL	LÉGUMES	DESSERTS
FOIE GRAS*	VIANDES (TOUTES)	TOMATE	FRAMBOISE*
ŒUFS	CHARCUTERIE	EPINARD	FRAISE*
CHARCUTERIE	POISSONS (TOUS)	ENDIVE	MELON*
SALADES :	VOLAILLE	LAITUE	YOGHOURT
- TOMATE	LAPIN	CRESSON	FROMAGE BLANC
- HARICOTS VERTS	HOMARD	MACHE	FROMAGES
- ENDIVE	LANGOUSTE	PISSENLIT	CHÈVRES*
- NOIX*	ŒUFS	AUBERGINE	CANTAL*
- CONCOMBRE		CÉLERI	
- CHOU-FLEUR	*ACCOMPAGNEMENT*	CHOU	BAVAROIS*
- CHAMPIGNONS		CHOU-FLEUR	CHARLOTTE*
RADIS	BEURRE	CHOUCROUTE	MOUSSE CHOC.*
POIREAU	HUILE OLIVE	HARICOT-VERT	SORBET*
LAITUE	HUILE ARACHIDE	NAVET	GRATIN* DE :
CAROTTES	MARGARINE	POIREAU	- FRAMBOISES
CÉLERI	MAYONNAISE	CAROTTE	- FRAISES
C. DE PALMIER*	BÉARNAISE	POIVRON	- MÛRES
AVOCAT*	SEL	COURGETTE	- GROSEILLES
THON	POIVRE	BROCOLI	
SAUMON FRAIS	MOUTARDE*	FENOUIL	
SAUMON FUMÉ	OIGNONS	OSEILLE	
SARDINES	AIL	CHAMPIGNONS	
MOULES	ECHALOTTES	SALSIFI	
CRABE	FINES HERBES	LENTILLES	
CREVETTES		FÈVES	
LANGOUSTINES		PETITS POIS	
HOMARD		HARICOTS SECS	
LANGOUSTE		POIS CHICHES	
HUITRES*			
COQUILLE ST-J.*			

NOTE : Les aliments comportant un astérisque sont permis s'ils sont mangés en quantité raisonnable.

247

RECETTES AU CHOCOLAT

MOUSSE AU CHOCOLAT

Pour 6 à 8 personnes il faut :

Ingrédients

- 400 g de chocolat « supérieur » amer (2 plaques) à 60/70 % de cacao,
- 8 œufs,
- 1 demi-verre de rhum (7 cl),
- 1 orange,
- 4 petites cuillères de café soluble,
- 1 pincée de sel.

Matériel

- 1 batteur électrique,
- 1 grande casserole,
- 1 râpe,
- 2 grands saladiers,
- 1 spatule.

Couper le chocolat en morceaux et les mettre en vrac dans la casserole. Faire une demi-tasse d'un café très fort et la verser dans la casserole ainsi que le rhum. Poser la casserole sur le feu, soit au bain-marie, soit sur une plaque de cuisson à feu très doux. Faire fondre le chocolat. Remuer à la spatule pour bien lier. Si le résultat est vraiment trop pâteux, rajouter un peu d'eau.

Pendant que le chocolat fond, râper le zeste de l'orange (n'utiliser que la partie superficielle de la peau d'orange). Jeter la moitié du zeste dans la casserole et remuer. Casser les œufs en mettant les jaunes dans un saladier, les blancs dans un autre. Monter les blancs en neige (après y avoir mis une pincée de sel) jusqu'à ce qu'ils soient vraiment très consistants.

Verser le chocolat dans le premier saladier où se trouvent les jaunes. Bien remuer jusqu'à l'obtention d'une crème bien homogène. Verser ensuite cette crème dans les blancs et mélanger avec la spatule jusqu'à l'obtention d'un mélange parfaitement homogène. Bien vérifier qu'il ne reste pas de particules de blancs ou que du chocolat non mélangé ne soit pas retombé dans le fond du récipient.

Vous pouvez, soit laisser la mousse dans le saladier en essuyant les bords, soit la reverser dans un grand compotier. Avant de mettre au réfrigérateur, saupoudrer la surface de la mousse avec le reste du zeste.

Faire la mousse cinq heures au moins avant de la servir. L'idéal est de la faire la veille.

FONDANT AU CHOCOLAT AMER

Ingrédients

- 400 g de chocolat « supérieur » amer (2 plaques) à 60/70 % de cacao,
- 300 g de beurre,
- 5/7 cl de cognac,
- 7 œufs,
- 1 orange,
- 4 petites cuillères de café soluble,
- 50 g de farine [1].

Matériel

- 1 batteur électrique,
- 1 *grande* casserole,
- 1 moule à cake,
- 1 râpe,
- 1 spatule.
- 1 saladier.

Couper le chocolat en morceaux et les mettre en vrac dans la casserole. Faire une demi-tasse de café très fort et la verser dans la casserole ainsi que le cognac. Couper le beurre en dés et les disposer en vrac dans la casserole. Poser la casserole au bain-marie ou sur une plaque de cuisson à feu très doux.

---

1. Par rapport au poids total du gâteaux (environ 1 kg) ces 50 g de farine ne représentent donc que 5 % de glucide, ce qui peut être considéré comme négligeable.

Laisser fondre le tout en remuant avec la spatule jusqu'à l'obtention d'une pâte très crémeuse.

Casser les œufs dans le saladier. Battre les œufs en versant progressivement la farine. Bien vérifier qu'il n'y ait pas de grumeaux.

Râper le zeste de l'orange et en jeter la moitié dans la casserole (l'orange est en fait optionnelle. Si l'on n'aime pas le chocolat parfumé à l'orange qui pourtant conduit à un mariage remarquable, il suffira de ne pas en mettre ; dans le cas contraire n'utiliser que la partie superficielle de la peau d'orange et en quantité très raisonnable).

Utiliser de préférence un moule en téflon. Si celui-ci est trop petit (attention le gâteau augmente de 20 % de volume à la cuisson), utiliser un papier aluminium bien beurré, dont les bords dépasseront largement du moule. Pour être sûr de bien beurrer, passer le beurre fondu au pinceau.

Verser le contenu de la casserole dans le saladier et bien mélanger les œufs et le chocolat tiède jusqu'à l'obtention d'une mousse parfaitement homogène. Remplir le moule. Saupoudrer le dessus avec le reste du zeste. Mettre au four à 150° pendant 35 minutes.

Après sortie du four laisser complètement refroidir à température ambiante (3/4 heures).

Servir en coupant des tranches d'un centimètre maximum que l'on posera délicatement sur une assiette contenant deux ou trois cuillerées de crème anglaise.

La crème anglaise en sachet peut être une solution rapide. Mais sachez qu'elle contient du sucre et de l'amidon.

Mieux vaudra donc faire une crème anglaise maison en remplaçant le sucre par un édulcorant.

Dernier conseil : si vous mettez le reste du gâteau au réfrigérateur pour mieux le conserver, sortez-le *au moins 4 heures* avant de le consommer, car le froid lui fait perdre tout son moelleux.

ANNEXE N° 4

RECETTES DIVERSES

L'objet de ce livre n'est pas de vous donner une liste impressionnante de recettes en rapport avec son contenu. La démarche que j'ai adoptée a précisément consisté à vous faire découvrir d'une manière concrète quels étaient les principes alimentaires de base que vous deviez désormais adopter, eu égard à l'objectif que vous poursuivez.

Si l'on veut résumer à l'extrême ma méthode, on peut dire qu'elle repose sur six principes :

1° la théorie des calories est fausse. Il faut donc se débarrasser de cette idée reçue,

2° l'alimentation ne doit pas être équilibrée sur un seul repas mais sur plusieurs,

3° pour maigrir il faut éviter de mélanger certains aliments entre eux car il sont incompatibles (glucides/lipides),

4° il faut augmenter sa consommation de fibres,

5° il faut supprimer les « mauvais glucides » et n'accepter que les « bons glucides »,

6° il faut faire une gestion rigoureuse des graisses en privilégiant les « bons lipides » de manière à prévenir les maladies cardio-vasculaires.

Si vous gardez présent à l'esprit ces principes, il vous sera facile d'organiser chacun de vos repas, que

255

ce soit au restaurant ou à la maison, comme il vous sera facile de sélectionner dans n'importe quel livre de recettes ce qui vous convient. Vous ne trouverez donc dans ce chapitre que des exemples, à vous de faire ensuite votre propre sélection.

LE RIZ COMPLET À LA TOMATE

Pour 4 personnes :

- 1 kg de tomates (ou une grosse boîte de tomates entières),
- 3 ou 4 gros oignons,
- 250 g de riz complet.

Couper les oignons très fins et les faire revenir tout doucement dans un peu de margarine (ou d'huile d'olive). Faire réduire les tomates dans une grande poêle après les avoir coupées en petits morceaux.

Lorsque les oignons sont bien dorés, on peut les mélanger avec les tomates.

Bien faire réduire le tout à feu très doux jusqu'à obtention d'une sauce un peu consistante.

Par ailleurs faire cuire le riz entre une heure et une heure 1/4, après avoir salé l'eau de cuisson, comme pour du riz ordinaire. Servir le tout, soit mélangé, soit à part.

Le plat de riz complet pourra constituer l'essentiel d'un repas. Préalablement, on pourra servir une bonne soupe de légumes. Mais attention au dessert : si l'on désire du fromage, le choix sera limité au fromage blanc ou yogourt à 0 % de matière grasse. Seul fruit autorisé : fraise ou framboise.

GRATIN D'AUBERGINES

Pour 6 personnes :

- 4 ou 5 très belles aubergines,
- 500 g de chair à saucisse,
- 500 g de tomates,
- 200 g de gruyère râpé,
- huile d'olive,
- estragon.

Couper les aubergines en petits dés. Faire revenir le tout à petit feu dans une ou deux poêles, en arrosant légèrement d'huile d'olive. Remuer en permanence pour obtenir une cuisson uniforme.

Lorsque les aubergines auront complètement changé de couleur, saler, poivrer et les disposer dans un grand plat allant au four. Laisser cuire pendant 40 minutes à 150° environ.

En attendant, faire complètement réduire les tomates comme dans la recette précédente. Faire cuire d'autre part la chair à saucisse, en séparant bien tous les morceaux.

Lorsque les aubergines sont presque cuites, introduire la chair à saucisse et la sauce tomate, en obtenant un mélange uniforme.

Bien répartir le gruyère râpé sur toute la surface et le saupoudrer d'estragon.

Remettre le tout au four pendant 15 minutes avec le gril moyen.

Le gratin d'aubergines est un plat pouvant constituer l'essentiel du repas. Comme il comporte de la viande (lipide-protide), on pourra terminer le repas avec du fromage ou un laitage.

Eviter les fruits sauf le melon et les fraises.

Les deux recettes qui suivent sont plus sophistiquées mais aussi simples à faire. Elles sont un bon exemple de ce qu'on appelle la « nouvelle cuisine », facile à faire chez soi. Elles peuvent constituer de remarquables entrées pour un repas un peu exceptionnel (réception, réunion de famille...).

FLAN DE THON AU COULIS DE POIREAUX

Pour 4 à 6 personnes :

- 200 g de thon en boîte au naturel,
- 200 g de crème fraîche,
- 4 œufs,
- 2 cuillerées à soupe de persil haché.

Pour le coulis :
- 4 blancs de poireaux,
- 200 g de crème fraîche,
- 20 g de beurre, sel et poivre.

Beurrer un moule à cake.
Passer au mixer le thon, battre les œufs, les ajouter au thon ainsi que la crème fraîche, saler, poivrer et mettre le persil.
Préchauffer le four à 180° (Th. 7).
Verser la préparation dans le moule à cake et mettre au four 35 minutes au bain-marie.
Préparation du coulis de poireaux :
laver les poireaux. Faire étuver les blancs dans du beurre à feu très doux et les couvrir pendant 20 minutes après avoir salé et poivré. Les passer au mixer. Ajouter la crème fraîche puis avant de servir, réchauffer tout doucement sur une plaque de cuisson.
Servir le flan démoulé et chaud avec le coulis en accompagnement.

Note : pour varier, on peut remplacer le thon par du saumon.

PÂTÉ DE LOTTE

Pour 5 personnes :

- 1 kg de lotte (200 g par personne),
- 6 œufs,
- 1 petite boîte de concentré de tomate,
- 2 citrons.

Faire cuire la lotte dans un court-bouillon. Ne plonger la lotte dans le court-bouillon que lorsque celui-ci frémit. Ajouter les deux jus de citron et les deux zestes en cours de cuisson.

Laisser cuire doucement une vingtaine de minutes. Egoutter et bien presser la lotte entre ses mains pour qu'elle rende toute son eau. Retirer l'arête centrale. Mettre ensuite dans un moule à cake ou dans un moule à soufflé préalablement bien beurré.

Battre les œufs en omelette, ajouter le concentré de tomate, saler, poivrer et verser le tout sur la lotte.

Faire cuire à four moyen (150°) pendant trente minutes.

Servir froid avec une mayonnaise après l'avoir démoulé.

Pour « expanser » la mayonnaise, lui ajouter un blanc d'œuf battu en neige.

Note : ce plat peut se préparer la veille et doit rester au minimum une demi-journée au réfrigérateur.

SOUFFLÉ SANS FARINE

Pour 4 à 5 personnes :

- 300 g de fromage blanc à 0 %
- 150 g de gruyère râpé
- 4 jaunes d'œufs
- 4 blancs en neige
- sel, poivre

1° Mélanger le fromage blanc, le gruyère râpé et les jaunes d'œufs. Saler et poivrer.

2° Battre les blancs en neige jusqu'à ce qu'ils soient très fermes. Mélanger les deux préparations et disposer le tout dans un moule à soufflés de 20 cm au moins de diamètre.

Cuire à four chaud (225° ou Th. 7) pendant 30 à 40 mn.

Manger sans attendre.

Variante : on peut rajouter au mélange N° 1 100 g de jambon maigre ou 115 g de champignon de Paris, réduits en purée au mixer.

TOMATES FARCIES
(convient aussi pour aubergines, courgettes, poivrons, etc.)

Pour 4 à 5 personnes :

- 6 belles tomates
- 400 g de chair à saucisse
- 300 g de champignons de Paris
- 1 oignon
- 2 cuillerées à soupe de fromage blanc à 0 %
- sel, poivre

en option : ail et persil

Faire cuire la chair à saucisse dans une poêle : saler et poivrer éventuellement. Couper l'oignon en morceaux et le passer au mixer pour en faire une purée. Faire de même avec les champignons qui, après avoir été lavés, seront réduits en purée.

Mélanger l'oignon et les champignons et faire revenir à feu doux dans une poêle légèrement graissée à l'huile d'olive. Saler très légèrement.

Couper les tomates en deux dans le sens de la largeur. Les disposer dans un plat légèrement huilé à l'huile d'olive. Faire cuire à four chaud 30 mn. Faire un mélange homogène de la chair à saucisse et de 2/3 de la purée de champignons. Répartir harmonieusement le mélange sur les tomates sorties du four.

Utiliser le dernier 1/3 de la purée de champignons pour saupoudrer le dessus de la tomate, comme on l'aurait fait avec de la chapelure. On pourra, si on le souhaite, rajouter l'ail et le persil finement hâchés. Mettre à four très chaud 30 à 40 mn.

Cuire éventuellement au gril en plaçant le plat au milieu du four pour éviter une carbonisation.

MOUSSAKA

Pour 6 personnes :

- 2 kg d'aubergines moyennes
- 1 gros oignon émincé
- 1 kg de viande hâchée (bœuf ou agneau)
- 1/2 verre de vin blanc
- 1 kg de tomates pelées et coupées
- persil haché
- huile d'olive

Couper les aubergines en fines rondelles, saupoudrer de sel et laisser reposer pendant 1 heure.
Faire fondre l'oignon dans 2 cuillères à soupe d'huile d'olive, ajouter ensuite la viande hachée.
Séparer la viande à la fourchette pendant qu'elle cuit.
Incorporer les tomates, le vin, le persil. Saler et poivrer.
Laisser mijoter pendant environ 45 mn.
Rincer les aubergines et essuyez-les. Les faire frire légèrement des 2 côtés à l'huile d'olive.
Graisser un plat à gratin. Disposer en couches alternativement les aubergines et le mélange de viande et de tomates.
Saupoudrer de fromage râpé.
Cuire à four moyen pendant 45 minutes.

MOUSSE DE THON EN GELÉE

Pour 6 à 8 personnes

- 100 g de fromage blanc à 0 %
- 1 boîte de thon au naturel de 400 g net
- 1 sachet de gelée
- 25 cl de vin blanc
- 1 cuillère d'huile d'olive vierge
- 1 cuillère à soupe de persil haché
- 1 cuillère à café rase de sel
- poivre
- moutarde

Pour la décoration :

- rondelles d'œufs durs
- rondelles de tomates
- salade, persil

Préparer la gelée conformément au mode d'emploi inscrit sur la boîte, remplacer le 1/2 verre d'eau par du vin blanc.

Faire égoutter le thon et le mettre ensuite en miette (utiliser éventuellement un batteur).

Bien mélanger thon, moutarde, huile d'olive, persil, sel, poivre, vinaigre.

Quand la gelée est revenue à température ambiante (1/2 heure environ), ajouter le thon et le fromage blanc et mélanger.

Verser dans un moule à cake légèrement graissé à l'huile d'olive.

Laisser prendre pendant 2 à 3 heures dans le réfrigérateur.

Démouler et servir sur des feuilles de salade, en décorant avec des tomates, œufs durs et persil.

Servir avec une sauce au choix (sauce verte ou mayonnaise)

PAIN DE CONCOMBRE AU FROMAGE BLANC

Pour 8 personnes

- 2 concombres de 500 g chacun environ
- 750 g de fromage blanc à 0 % bien égoutté
- 10 feuilles de gélatine
- le jus d'un demi citron
- 5 cl d'eau
- 1 oignon râpé très finement ou passé au mixer
- 1/4 de gousse d'ail râpé très fin
- sel, poivre, coriandre

Râper finement les deux concombres en gardant 1/4 de l'un d'eux pour la décoration. Saler, laisser dégorger dans une passoire 40 mn, égoutter et bien absorber l'humidité avec du papier essuie-tout.

Faire tremper la gélatine dans de l'eau froide pour la faire ramollir, puis la faire dissoudre progressivement à chaud dans les 50 cl d'eau.

Mélanger fromage blanc, concombre, gélatine fondue, oignon, citron, ail et épices.

Graisser légèrement d'huile d'olive les parois d'un grand moule à cake. Tapisser de très fines tranches de concombres.

Verser la totalité de la préparation. Recouvrir avec les tranches restantes. Laisser prendre au moins deux heures et demie au frais.

Démouler délicatement et terminer la décoration avec des rondelles de tomates, des feuilles de salade, etc.

Servir accompagné ou non d'une sauce plus ou moins relevée selon les goûts.

PAIN DE CHOU-FLEUR

Pour 8 à 10 personnes

- 1 beau chou-fleur
- 100 g de fromage blanc à 0 %
- 1/2 verre de lait en poudre écrémé très onctueux, voire pâteux, mais homogène
- 6 œufs
- sel, poivre

Faire cuire le chou-fleur (après l'avoir coupé en morceaux, lavé à l'eau vinaigrée et égoutté) en le plongeant dans l'eau en ébullition. Saler. Laisser cuire 5 mn après la reprise de l'ébullition. Sortir le tout et le faire égoutter.

Ecraser le chou-fleur en purée (éventuellement passer au mixer). Mélanger avec le fromage blanc, le lait, les œufs, le sel et le poivre.

Bien malaxer le tout et le verser dans un moule à cake préalablement beurré.

Laisser cuire environ 1 heure au bain-marie à 200° Th. 5/6.

Démouler 1/4 d'heure après la sortie du four. Servir avec un coulis de tomate.

Ce plat peut se manger tiède ou froid (température ambiante).

FRAISIER GLACÉ AU COULIS

Pour 8 à 10 personnes

- 500 g de fraises
- 100 g de fromage blanc à 0 % bien égoutté
- 5 blancs d'œufs
- 2 cuillerées à soupe de jus de citron
- 5/6 cuillères d'édulcorant en poudre

Passer les fraises au mixer ou les réduire en purée avec un batteur. Monter les blancs en neige.

Mélanger la purée de fraise, les blancs d'œufs, le fromage blanc et l'édulcorant en poudre jusqu'à ce que le résultat soit à peu près homogène.

Rajouter le jus de citron et verser le mélange dans un moule préalablement huilé.

Placer le tout au congélateur ou au freezer 6 à 7 heures environ. Sortir 1/2 heure avant de consommer.

Pour démouler, passer le moule sous l'eau tiède.

Servir avec un coulis, en décorant le plat avec des fraises coupées en deux.

Coulis : mixer 300 g de fraises avec deux cuillères à soupe d'édulcorant en poudre et le jus d'1/2 citron.

BAVAROIS DE FRAMBOISE avec son coulis

Pour 5 à 6 personnes

- 500 g de framboises
- 4 jaunes d'œufs
- 30 cl de lait
- 6 cuillerées à soupe d'édulcorant en poudre
- 3 feuilles de gélatine alimentaire

Faire tremper les feuilles de gélatine dans de l'eau froide.

Dans une casserole, battre les jaunes d'œufs et ajouter le lait. Porter le tout à feu doux et laisser épaissir jusqu'à ce que le mélange nappe la spatule. Stopper la cuisson.

Mixer les framboises pour obtenir une purée, ajouter l'édulcorant. Egoutter la gélatine et la faire dissoudre dans la crème chaude. Mélanger les framboises et la crème.

Verser dans un moule à bavarois légèrement huilé et faire prendre au moins pendant 12 heures dans le réfrigérateur.

Servir frais avec le coulis de framboise.

Coulis : mixer 300 g de framboise en rajoutant le jus d'un citron et 3/4 de cuillères à soupe d'édulcorant.

BIBLIOGRAPHIE

PROTÉINES :
- APFELBAUM M., FORRAT C., NILLUS P. *Diététique et nutrition* Éd. Masson 1989
- BRINGER J., RICHARD J.L., MIROUZE J. *Évaluation de l'état nutritionnel protéique* Rev. Prat. 1985, 35, 3, 17-22
- RUASSE J.P. *Les composants de la matière vivante* Éd. L'indispensable en nutrition 1988
- RUASSE J.P. *Des protides, pourquoi, combien ?* Éd. L'indispensable en nutrition 1987

GLUCIDES :
- BANTLE J.P., LAINE D.C. *Post prandial glucose and insulin responses to meals containing different carbohydrates in normal and diabetic subjets* New Engl. J. Med. 1983, 309 ,7-12
- BORNET F. *Place des glucides simples et des produits amylacés dans l'alimentation des diabétiques en 1985.* Fondation RONAC. Paris
- CRAPO P.A. *Plasma glucose and insulin responses to orally administred simple and complex carbohydrates* Diabetes 1976, 25, 741-747
- CRAPO P.A. *Post prandial plasma glucose and insulin response to different complex carbohydrates* Diabetes 1977, 26, 1178-1183
- CRAPO P.A. *Comparaison of serum glucose-insulin and glucagon responses to different types of carbohydrates in non insulin dependant diabetic patients* Am. J. Clin. Nutr. 1981, 34, 84-90
- CHEW I. *Application of glycemic index to mixed meals* Am. J. Clin. Nutr. 1988, 47, 53-56

- DANQUECHIN-DORVAL E. *Rôle de la phase gastrique de la digestion sur la biodisponibilité des hydrates de carbone et leurs effets métaboliques* Journées de diabétologie de l'Hôtel-Dieu 1975
- DESJEUX J.F. *Glycémie, insuline et acides gras dans le plasma d'adolescents sains après ingestion de bananes* Med. et Nutr. 1982, 18, 2, 127-130
- FEWKES D.W. *Sucrose* Science Progres 1971, 59, 25, 39
- GABREAU T., LEBLANC H. *Les modifications de la vitesse d'absorption des glucides* Med. et Nutr. 1983, XIX, 6, 447-449
- GUILLAUSSEAU P.J., GUILLAUSSEAU-SCHOLER C. *Effet hyperglycémiant des aliments* Gaz. Med. Fr. 1989, 96, 30, 61-63
- HEATON K.W. *Particule size of wheat, maïze and oat test meals : effects on plasma glucose and insulin responses and on the rate of starch digestion in vitro* Am. J. Clin. Nutr. 1988, 47, 675-682
- HERAUD G. *Glucides simples, glucides complexes*
- HODORA D. *Glucides simples, glucides complexes et glucides indigestibles* Gaz Med. Fr. 1981, 88, 37, 5, 255-259
- JENKINS D.J.A. *Glycemic index of foods : a physiological basis for carbohydrates exchange* Am. J. Clin. Nutr. 1981, 34, 362-366
- JENKINS D.J.A. *Dietary carbohydrates and their glycemic responses* J.A.M.A. 1984, 2, 388-391
- JENKINS D.J.A. *Wholemeal versus wholegrain breads : proportion of whole or cracked grains and the glycemic response* Br. Med. J. 1988, 297, 958-960
- JIAN R. *La vidange d'un repas ordinaire chez l'homme : étude par la méthode radio-isotopique* Nouv. Presse Med. 1979, 8, 667-671
- KERIN O'DEA *Physical factor influencing post prandial glucose and insulin responses to starch* Am. J. Clin. Nutr. 1980, 33, 760-765
- NOUROT J. *Relationship between the rate of gastric emptying and glucose insulin responses to starchy food in young healthy adults* Am. J. Clin. Nutr. 1988, 48, 1035-1040
- NATHAN D. *Ice-cream in the diet of insulin-dependant diabetic patients* J.A.M.A. 1984, 251, 21, 2825-2827
- NICOLAIDIS S. *Mode d'action des substances de goût sucré sur le métabolisme et sur la prise alimentaire. Les sucres dans l'alimentation* Cool. Sc. Fond. Fr. Nutr. 1981
- O'DONNEL L.J.D. *Size of flour particles and its relation to glycemia, insulinoemia and calonic desease* Br. Med. J. 17 June 1984, 298, 115-116
- REAVEN C. *Effects of source of dietary carbohydrates on plasma glucose and insulin to test meals in normal subjets* Am. J. Clin. Nutr. 1980, 33, 1279-1283
- ROUX E. *Index glycémique* Gaz. Med. Fr. 1988, 95, 18, 77-78
- RUASSE J.P. *Des glucides, pourquoi, comment ?* Collection " L'indispensable en nutrition " 1987
- SCHLIENGER J.L. *Signification d'une courbe d'hyperglycémie*

orale plate ; comparaison avec un repas d'épreuve Nouv. Pr. Med. 1982, 52, 3856-3857
- SLAMA G. *Correlation between the nature of amount of carbohydrates in intake and insulin delivery by the artificiel pancreas in 24 insulin-dependant diabetics* Diabetes 1981, 30, 101-105
- SLAMA G. *Sucrose taken during mixed meal has no additional hyperglyceamic action over isocaloric amounts of starch in wellcontroled diabetics* Lancet, 1984, 122-124
- STACH J.K. *Contribution à l'étude d'une diététique rationnelle du diabétique : rythme circadien de la tolérance au glucose, intérêt du pain complet, intérêt du sorbitol.* Thèse pour le doctorat en Médecine, Caen 1974
- THORBURN A.W. *The glyceemic index of food* Med. J. Austr. May 26th, 144, 580-582
- VAGUE P. *Influence comparée des différents glucides alimentaires sur la sécrétion hormonale. Les sucres dans l'alimentation.* Collection Scientifique de la Fondation Française pour la Nutrition.

LIPIDES :

- BOURRE J.M., DURAND G. *The importance of dietary linoleic acid in composition of nervous membranes* Diet and life style, new technology De M.F. Mayol 1988, John Libbey Eurotext Ldt pp. 477-481
- DYERBERG J. *Linolenic acid and eicospentaenoic acid* Lancet 26 Janvier 1980, p. 199
- JACOTOT B. *Olive oil and the lipoprotein metabolism* Rev. Fr. des Corps Gras 1988, 2, 51-55
- MAILLARD C. *Graisses grises* Gazette Med. de Fr. 1989, 96, n° 22
- RUASSE J.P. *Des lipides, pourquoi, comment ?* Coll. L'Indispensable en Nutrition
- VLES R.O. *Connaissances récentes sur les effets physiologiques des margarines riches en acide linoléique* Rev. Fr. des Corps Gras 1980, 3, 115-120

FIBRES :

- " Concil Scientific Affairs " *Fibres alimentaires et santé* J.A.M.A. 1984, 14, 190, 1037-1046
- ANDERSON J.W. *Dietary fiber : diabetes and obesity* Am. J. Gastroenterology 1986, 81, 898-906
- BERNIER J.J. *Fibres alimentaires, motricité et absorption intestinale. Effets sur l'hyperglycémie post-prandiale* Journée de Diabétologie Hôtel-Dieu 1979, 269-273
- HABER G.B. *Depletion and disruption of dietary fibre. Effects on satiety, plasma glucose and serum insulin* Lancet 1977, 2, 679-682
- HEATON K.W. *Food fiber as an obstacle to energy intake* Lancet 1973, 2, 1418-1421
- HEATON K.W. *Dietary fiber in perspective* Human Clin. Nutr. 1983, 37c, 151-170

- HOLT S. *Effect of gel fibre on gastric emptying and absorption of glucose and paracetamol* Lancet 1979, March 24, 636-639
- JENKINS D.J.A. *Decrease in post-prandial insulin and glucose concentration by guar and pectin* Ann. Int. Med. 1977, 86, 20-33
- JENKINS D.J.A. *Dietary fiber, fibre analogues and glucose tolerance : importance of viscosity* Br. Med. J. 1978, 1, 1392-1394
- LAURENT B. *Études récentes concernant les fibres alimentaires* Med. et Nutr. 1983, XIX, 2, 95-122
- MONNIER L. *Effets des fibres sur le métabolisme glucidique* Cah. Nutr. Diet. 1983, XVIII, 89-93
- NAUSS K.M. *Dietary fat and fiber : relationship to caloric intake body growth, and colon carcinogenesis* Am. J. Clin. Nutr. 1987, 45, 243-251
- SAUTIER C. *Valeur alimentaire des algues spirulines chez l'homme* Ann. Nutr. Alim. 1975, 29, 517
- SAUTIER C. *Les algues en alimentation humaine* Cah. Nutr. Diet. 1987, 6, 469-472

GÉNÉRALITÉS SUR LE CHOLESTÉROL :
- BASDEVANT A., TRAYNARD P.Y. *Hypercholestérolémie Symptômes* 1988, n° 12
- BRUCKERT E. *Les dyslipidémies Impact Médecin* Dossier du Praticien n° 20, 1989
- LUC G., DOUSTE-BLAZY P., FRUCHART J.C. *Le cholestérol, d'où vient-il ? Comment circule-t-il ? Où va-t-il ?* Rev. Prat. 1989, 39, 12, 1011-1017
- POLONOWSKI J. *Régulation de l'absorption intestinale du cholestérol* Cahiers Nutr. Diet. 1989, 1, 19-25

LIPIDES ET CHOLESTÉROL :
- Consensus : *Conference on lowering blood cholesterol to prevent heart disease* J.A.M.A. 1985, 253, 2080-2090
- BETTERIDGE D.J. *Hight density lipoprotein and coronary heart disease* Brit. Med. J. 15 Avril 1989, 974-975
- DURAND G. *et al. Effets comparés d'huiles végétales et d'huiles de poisson sur le cholestérol du rat* Med. et Nutr. 1985, XXI, n° 6, 391-406
- DYERBERG J. *et al. Eicosapentaenoic acid and prevention of thrombosis and atherosclerosis ?* Lancet 1978, 2, 117-119
- ERNST E., LE MIGNON D. *Les acides gras omega 3 et l'artériosclérose* C.R. de Ther, 1987, V, n° 56, 22-25
- FIELD C. *The influence of eggs upon plasma cholesterol levels* Nutr. Rev. 1983, 41, n° 9, 242-244
- FOSSATI P., FERMON C. *Huiles de poisson, intérêt nutritionnel et prévention de l'athéromatose* N.P.N. Med. 1988, VIII, 1-7
- de GENNES J.L., TURPIN G. TREFERT J. *Correction thérapeutique des hyperlipidémies idiopathiques héréditaires. Bilan d'une consultation diététique standardisée* Nouv. Presse Med. 1973, 2, 2457-2464

- GRUNDY M.A. *Comparaison of monosatured fatty acids and carbohydrates for lowering plasma cholesterol* New Engl. J. Med. 1986, 314, 745-749
- HAY C.R.M. *Effetct of fish oil on platelet kinetics in patients with ischaemic heart disease* The Lancet 5 Juin 1982, 1269-1272
- KRMHOUT D., BOSSCHIETER E.B., LEZENNE-COULANDER C. *The inverse relation between fish consumption and 20 year mortality from coronary heart disease* New Engl. J. Med. 1985, 312, 1205-1209
- LEAF A., WEBER P.C. *Cardiovascular effects of n-3 fatty acides* New Engl. J. Med. 1988, 318, 549-557
- LEMARCHAL P. *Les acides gras polyinsaturés en Omega 3* Cah. Nutr. Diet. 1985, XX, 2, 97-102
- MARINIER E. *Place des acides gras polyinsaturés de la famille n-3 dans le traitement des dyslipoprotéinémies* Med. Dig. Nutr. 1986, 53, 14-16
- MARWICK C. *What to do about dietary satured fats?* J.A.M.A. 1989, 262, 453
- PHILLIPSON et al. *Reduction of plasma lipids, lipoproteins and apoproteins by dietary fish oils in patients with hypertriglyceridemia* New Engl. J. Med 1985, 312, 1210-1216
- PICLET G. *Le poisson, aliment, composition, intérêt nutritionnel* Cah. Nutr. Diet. 1987, XXII, 317-336
- THORNGREN M. *Effects of 11 week increase in dietary eicosapentaenoïc acid on bleeding time, lipids and platelet aggregation* Lancet 28 Nov. 1981, 1190-11
- TURPIN G. *Régimes et médicaments abaissant la cholestérolémie* Rev. du Prat. 1989, 39, 12, 1024-1029
- VLES R.O. *Les acides gras essentiels en physiologie cardiovasculaire* Ann. Nutr. Alim. 1980, 34, 255-264
- WOODCOCK B.E. *Beneficial effect of fish oil on blood viscosity in peripheral vascular disease* Br. Med. J. Vol. 288 du 25 février 1984, p. 592-594

FIBRES ALIMENTAIRES ET HYPERCHOLESTÉROLÉMIE :

- ANDERSON J.W. *Dietary fiber, lipids and atherosclerosis* Am. J. Cardiol. 1987, 60, 17-22
- GIRAULT A. *Effets bénéfiques de la consommation de pommes sur le métabolisme lipidique chez l'homme.* Entretiens de Bichat 28 septembre 1988
- LEMONNIER D., DOUCET C., FLAMENT C. *Effet du son et de la pectine sur les lipides sériques du rat* Cah. Nutr. Diet. 1983, XVIII, 2, 99
- RAUTUREAU J., COSTE T., KARSENTI P., *Effets des fibres alimentaires sur le métabolisme du cholestérol* Cah. Nutr. Diet. 1983, XVIII, 2, 84-88

277

- SABLE-AMPLIS R., SICART R., BARON A. *Influence des fibres de pomme sur les taux d'esters de cholestérol du foie, de l'intestin et de l'aorte* Cah. Nutr. Diet. 1983, XVII, 297
- TAGLIAFFERRO V. *et al. Moderate guar-gum addition to usual diet improves peripheral sensibility to insulin and lipeamic profile in NIDDM* Diabète et Métabolisme 1985, 11, 380-385
- TOGNARELLI M. *Guar-pasta : a new diet for obese subjets B* Acta Diabet. Lat. 1986, 23, 77
- TROWELL H. *Dietary fiber and coronary heart disease* Europ. J. Clin. Biol. Res. 1972, 17, 345
- VAHOUNY G.U. *Dietary fiber, lipid metabolism and atherosclerosis* Fed. Proc. 1982, 41, 2801-2806
- ZAVOLAL J.H. *Effets hypolipémiques d'aliments contenant du caroube* Am. J. Clin. Nutr. 1983, 38, 285-294

VITAMINES, OLIGO-ÉLÉMENTS ET HYPERCHOLESTÉROLÉMIE :

1) Vitamine « E »

- CAREW T.E. *Antiatherogenic effect of probucol unrelated to is hypocholesterolemic effect* P.N.A.S. USA June 1984, Vol. 84, p. 7725-7729
- FRUCHART J.C. *Influence de la qualité des LD sur le métabolisme et leur athérogénicité (inédit)*
- JURGENS G. *Modification of human serum LDL by oxydation* Chemistry and Physics of lipids 1987, 45, 315-336
- STREINBRECHER V.P. *Modifications of LDL by endothelial cells involves peroxydation* P.N.A.S. USA June 1984, Vol. 81, 3883-3887

2) Sélénium

- LUOMA P.V. *Serum selenium, glutathione peroxidase, lipids, and human liver microsomal enzyme activity* Biological Trace Element Research 1985, 8, 2, 113-121
- MITCHINSON M.J. *Possible role of deficiency of selenium and vitamin E in atherosclerosis* J. Clin. Pathol. 1984, 37, 7, 837
- SALONEN J.T. *Serum fatty acids, apolipoproteins, selenium and vitamin antioxydants and risk of death from coronary artery disease* Am. J. Cardiol. 1985, 56, 4, 226-231

3) Chrome

- ABRAHAM A.S. *The effect of chromiuon established atherosclerotic plaques in rabbits* Am. J. Clin. Nutr. 1980, 33, 2294-2298
- GORDON T. *High density lipoprotein as a protective factor against coronary heart disease* The Framingham study Am. J. Med. 1977, 62, 707
- OFFENBACHER E.G. *Effect of chromium-rich yeast on glucose tolerance a blood lipids in elderly subjects* Diabetes 1980, 29, 919-925

CAFÉ ET HYPERCHOLESTÉROLÉMIE :
- ARNESEN E. *Coffee and serum cholesterol* Br. Med. J. 1984, 288, 1960
- HERBERT P.N. *Caffeine does not affect lipoprotein metabolism* Clin. Res. 1987, 35, 578A
- HILL C. *Coffee consumption and cholesterol concentration* Letter to editor Br. Med. J. 1985, 290, 1590
- THELLE D.S. *Coffee and cholesterol in epidemiological and experimental studies* Atherosclerosis 1987, 67, 97-103
- THELLE D.S. *The Tromso Heart Study. Does coffee raise serum cholesterol ?* N. Engl. J. Med. 1983, 308, 1454-1457

LE MYTHE DES CALORIES :
- ASTIER-DUMAS M. *Densité calorique, densité nutritionnelle, repères pour le choix des aliments* Med. Nutr. 1984, XX, 4, 229-234
- BELLISLE F. *Obesity and food intake in children : evidence for a role of metabolic and/or behavioral daily rythms* Appetite 1988, 11, 111-118
- BROWNELL K.D. *The effects of repeated cycles of weight loss and regain in rats* Phys. Behavior 1986, 38, 459-464
- HERAUD G. *Densité nutritionnelle des aliments* Gaz. Med. Fr. 1988, 95, 13, 39-42
- LEIBEL R.J. *Diminished energy requirements in reduced obese persons* Metabolism 1984, 33, 164-170
- ROLLAND-CACHERA M.F., BELLISLE F. *No correlation beetween adiposity and food intake : why are working class children fatter ?* Am. J. Clin. Nutr. 1986, 44, 779-787
- ROLAND-CACHERA M.F., DEHEEGER M. *Adiposity and food intake in young children : the environmental challenge to individual susceptibility* Br. Med. J. 1988, 296, 1037-1038
- RUASSE J.P. *Des calories, pourquoi ? Combien ?* Coll. L'Indispensable en Nutrition 1987
- RUASSE J.P. *L'approche homéopathique du traitement des obésités* Paris 1988
- SPITZER L., RODIN J. *Human eating behavior : a critical review of study in normal weight and overweight individuals* Appetite 1981, 2, 293
- LOUIS-SYLVESTRE J. *Poids accordéon : de plus en plus difficile à perdre* Le Gén. 1989, 1087, 18-20

INSULINE :
- BASDEVANT A. *Influence de la distribution de la masse grasse sur le risque vasculaire* La Presse Médicale 1987, 16, 4
- CLARCK M.G. *Obesity with insulin resistance. Experimental insights* Lancet, 1983, 2, 1236-1240
- FROMAN L.A. *Effect of vagotomy and vagal stimulation on insulin secretion* Diabetes 1967, 16, 443-448

- GROSS P. *De l'obésité au diabète* L'actualité diabétologique, n° 13, p. 1-9
- GUY-GRAND B. *Variation des acides gras libres plasmatiques au cours des hyperglycémies provoquées par voie orale* Journées de Diabétologie de l'Hôtel-Dieu 1968, p. 319
- GUY-GRAND B. *Rôle éventuel du tissu adipeux dans l'insulinorésistance* Journées de Diabétologie de l'Hôtel-Dieu 1972, 81-92
- JEANRENAUD B. *Dysfonctionnement du système nerveux. Obésité et résistance à l'insuline* M/S Médecine-Sciences 1987, 3, 403-410
- JEANRENAUD B. *Insulin and obesity* Diabetologia, 1979, 17, 135-138
- KOLTERMAN O.G. *Mechanism of insulin resistance in human obesity. Evidence for receptor and post-receptor effects* J. Clin. Invest. 1980, 65, 1272-1284
- LAMBERT A.E. *Enhancement by caffeine of glucagon-induced and tolbutamide induced insuline release from isolated foetal pancreatic tissue* Lancet, 1967, 1, 819-820
- LAMBERT A.E. *Organocultures de pancréas fœtal de rat : étude morphologique et libération d'insuline in vitro* Journées de Diabétologie de l'Hôtel-Dieu 1969, 115-129
- LARSON B. *Abdominal adipose tissue distribution, obesity and risk of cardio-vascular disease and death* Br. Med. J. 1984, 288, 1401-1404
- LE MARCHAND-BRUSTEL Y. *Résistance à l'insuline dans l'obésité* M/S Médecine-Sciences 1987, 3, 394-402
- LINQUETTE C. *Précis d'endocrinologie* Éd. Masson 1973, p. 658-666
- LOUIS-SYLVESTRE J. *La phase céphalique de sécrétion d'insuline* Diabète et métabolisme 1987, 13, 63-73
- MARKS V. *Action de différents stimuli sur l'insulinosécrétion humaine : infulence du tractus gastro-intestinal* Journées de Diabétologie de l'Hôtel-Dieu 1969, 179-190
- MARLISSE E.B. *Système nerveux central et glycorégulation* Journées de Diabétologie de l'Hôtel-Dieu 1975, 7-21
- MEYLAN M. *Metabolic factors in insulin resistance in human obesity* Metabolism 1987, 36, 256-261
- WOODS S.C. *Interaction entre l'insulinosécrétion et le système nerveux central* Journées de Diabétologie de l'Hôtel-Dieu 1983

L'HYPOGLYCÉMIE :

- CAHILL G.F. *A non editorial on non hypoglycemia* N. Engl. J. Med. 1974, 291, 905-906
- CATHELINEAU G. *Effect of calcium on post reactive hypoglycemia* Horm. Metab. Res. 1981, 13, 646-647
- CHILES R. *Excessive serum insulin response to oral glucose in obesity and mild diabets* Diabetes 1970, 19, 458

280

- CRAPO P.A. *The effects of oral fructose, cucrose and glucose in subjects with reactive hypoglycemia* Diabetes care 1982, 5, 512-517
- DORNER M. *Les hypoglycémies fonctionnelles* Rev. Prat. 1972, 22, 25, 3427-3446
- FAJANS S.S. *Fasting hypoglycemia in adults* New Engl. J. Med. 1976, 294, 766-772
- FARRYKANT M. *The problem of fonctionnal hyperinsulinism or fonctionnal hypoglycemia attributed to nervous causes* Metabolism 1971, 20, 6, 428-434
- FIELD J.B. *Studies on the mechanisms of ethanol induced hypoglycemia* J. Clin. Invest. 1963, 42, 497-506
- FREINKEL N. *Alcohol hypoglycemia* J. Clin. Invest. 1963, 42, 1112-1133
- HARRIS S. *Hyperinsulinism and dysinsulinism* J.A.M.A. 1924, 83, 729-733
- HAUTECOUVERTURE M. *Les hypoglycémies fonctionnelles* Rev. Prat. 1985, 35, 31, 1901-1907
- HOFELDT F.D. *Reactive hypoglycemia* Metab. 1975, 24, 1193-1208
- HOFELDT F.D. *Are abnormalities in insulin secretion responsable for reactive hypoglycemia ?* Diabetes 1974, 23, 589-596
- JENKINS D.J.A. *Decrease in post-prandial insulin and glucose concentrations by guar and pectin* Ann. Intern. Med. 1977, 86, 20-23
- JOHNSON D.D. *Reactive hypoglycemia* J.A.M.A. 1980, 243, 1151-1155
- JUNG Y. *Reactive hypoglycemia in women* Diabetes 1971, 20, 428-434
- LEFEBVRE P. *Statement on post-prandial hypoglycemia* Diabetes care 1988, 11, 439-440
- LEFEBVRE P. *Le syndrome d'hypoglycémie réactionnelle, mythe ou réalité ?* Journées Annuelles de l'Hôtel-Dieu 1983, 111-118
- LEICHTER S.B. *Alimentary hypoglycemia : a new appraisal* Amer. J. Nutr. 1979, 32, 2104-2114
- LEV-RAN A. *The diagnosis of post-prandial hypoglycemia* Diabetes 1981, 30, 996-999
- LUBETZKI J. *Physiopathologie des hypoglycémies* Rev. Prat. 1972, 22, 25, 3331-3347
- LUYCKY A.S. *Plasma insulin in reactive hypoglycemia* Diabetes 1971, 20, 435-442
- MONNIER L.H. *Restored synergistic entero-hormonal response after addition dietary fibre to patients with impaired glucose tolerance and reactive hypoglycemia* Diab. Metab. 1982, 8, 217-222
- O'KEEFE S.J.D. *Lunch time gin and tonic : a cause of reactive hypoglycemia* Lancet 1977, 1, June 18, 1286-1288

- PERRAULT M. *Le régime de fond des hypoglycémies fonctionnelles de l'adulte* Rev. Prat. 1963, 13, 4025-4030
- SENG G. *Mécanismes et conséquences des hypoglycémies* Rev. Prat. 1985, 35, 31, 1859-1866
- SERVICE J.F. *Hypoglycemia and the post-prandial syndrom* New Engl. J. Med. 1989, 321, 1472
- SUSSMAN K.E. *Plasma insulin levels during reactive hypoglycemia* Diabetes 1966, 15, 1-14
- TAMBURRANO G. *Increased insulin sensitivity in patients with idiopathic reactive hypoglycemia* J. Clin. Endocr. Metab. 1989, 69, 885
- TAYLOR S.I. *Hypoglycemia associated with antibodies to the insulin receptor.* New Engl. J. Med. 1982, 307, 1422-1426
- YALOW R.S. *Dynamics of insulin secretion in hypoglycemia* Diabetes 1965, 14, 341-350

TABLES DES MATIÈRES

Cet ouvrage a été réalisé par la
SOCIÉTÉ NOUVELLE FIRMIN-DIDOT
Mesnil-sur-l'Estrée
pour le compte de France Loisirs
en mars 1999

Cet ouvrage est imprimé
sur du papier sans bois et sans acide.

Imprimé en France
Dépôt légal : mars 1999
N° d'édition : 31208 - N° d'impression : 46008